전체무료강의 제공하는 똑똑한은경쌤

손해평가사

2차 기초입문서

저자직강
무료강의
제공

학습효과 극대화

필수 문제
100선
수록

더 쉬운 이해

한은경 저자

머리글
PREFACE

본 교재는 손해평가사 2차 시험의 기준서인 「농업재해보험·손해평가의 이론과 실무」의 이해를 돕기 위한 기초 입문서입니다.

농작물재해보험의 각 보장방식 및 가축재해보험에 관한 본격적인 학습 이전에 꼭 필요한 과정을 담고 있어 손해평가사 자격시험 합격을 위한 학습의 첫걸음을 떼는 분들에게 적합한 길라잡이입니다.

본 기초 입문서와 해당 강의를 통해 손해평가사 2차 시험 준비의 진입 장벽을 수월하게 넘으시고, 좋은 결과를 얻으시길 바랍니다.

저자 한 은 경

목차
CONTENTS

손해평가사 2차 기초 이론서

PART 1 손해평가사 2차 시험 – 기초 이론

목차
CONTENTS

손해평가사 2차 기초 이론서

목차
CONTENTS

PART 1
손해평가사 2차 시험

기초 이론

손해평가사 자격시험의 배경 및 2차 시험 학습 과목

1 손해평가사 및 손해평가의 의미

① 손해평가사: **농업재해보험**의 손해평가를 전문적으로 수행하는 자로서 **농어업재해보험법**에 따라 신설되는 국가자격인 국가전문자격을 취득한 자

② 손해평가: **농작물재해보험**의 보험금 지급을 위해 농작물 등 보험목적물에 발생한 피해사실을 확인하고 보험가액·손해액 등을 평가하는 일련의 과정

✓ 포인트

1. 법령 체계
   ① 농어업재해보험법 (총 5장 32조)
   ② 농어업재해보험법 시행령(대통령령)
   ③ '농업재해보험' 손해평가요령

2. 농어업재해보험법
   이 법은 농어업재해로 인하여 발생하는 농작물, 임산물, 양식수산물, 가축과 농어업용 시설물의 피해에 따른 손해를 보상하기 위한 농어업재해보험에 관한 사항을 규정함으로써 농어업 경영의 안정과 생산성 향상에 이바지하고 국민경제의 균형 있는 발전에 기여함을 목적으로 한다.

3. 농어업재해
   ① 농업재해: 농작물·임산물·가축 및 농업용 시설물에 발생하는 자연재해·병충해·조수해·질병 또는 화재
   ② 어업재해: 양식수산물 및 어업용 시설물에 발생하는 자연재해·질병 또는 화재

4. 재해보험의 종류 (보험목적물에 따라 분류)
   ① 농림축산식품부장관 관장: 농작물재해보험, 임산물재해보험, 가축재해보험
   ② 해양수산부장관 관장: 양식수산물재해보험

✓ 포인트

손해평가사

농어업재해보험법을 근거로 하며, 농어업재해 중 농업재해로 분류되는 농작물과 가축에 발생한 손해를 평가한다. 현실적인 이유로 일부 임산물도 평가의 대상으로 하고 있다.

해당하는 보험은 농작물재해보험과 가축재해보험이며, 이것이 2차 시험의 대상이다.

<h2>2   손해평가사 자격시험의 배경</h2>

1   농어업재해보험법 제11조의4(손해평가사의 시험 등)

① 손해평가사가 되려는 사람은 농림축산식품부장관이 실시하는 손해평가사 자격시험에 합격하여야 한다.

2   농어업재해보험법 시행령 제12조의4(손해평가사 자격시험의 과목)

① 손해평가사 자격시험의 제1차 시험 과목 및 제2차 시험 과목은 별표 2의2와 같다.

② 별표 2의2

제1차 시험	가. 「상법」 보험편 나. 농어업재해보험법령(「농어업재해보험법」, 「농어업재해보험법 시행령」 및 농림축산식품부장관이 고시하는 손해평가 요령을 말한다) 다. 농학개론 중 재배학 및 원예작물학
제2차 시험	가. 농작물재해보험 및 가축재해보험의 이론과 실무 나. 농작물재해보험 및 가축재해보험 손해평가의 이론과 실무

3   농업재해보험 손해평가요령 제16조(손해평가업무방법서)

재해보험사업자는 이 요령의 효율적인 운용 및 시행을 위하여 필요한 세부적인 사항을 규정한 '손해평가업무방법서'를 작성하여야 한다.

1 시험 과목

① 1과목: 농작물재해보험 및 가축재해보험의 이론과 실무

② 2과목: 농작물재해보험 및 가축재해보험 손해평가의 이론과 실무

2 시험방법

① 시험방법: 단답형, 서술형. 과목별 10문항

② 시험시간: 1, 2과목 총 120분

3 합격 기준

매 과목 100점을 만점으로 하여 매 과목 40점 이상과 전 과목 평균 60점 이상을 득점한 자

> ✓ **포인트**
>
> **과목별 배점**
> - 단답형 또는 단순 계산형 5문제×5점=25점
> - 계산형 또는 서술형 5문제×15점=75점

---

4   **「농업재해보험·손해평가의 이론과 실무」**

1 손해평가 제도 관리 체계

① 농림축산식품부에서는 손해평가제도 및 손해평가사 자격시험 관련 총괄·감독

② 농업정책보험금융원은 손해평가사 제도의 운용에 관한 업무를 위탁 수행

③ 자격시험의 실시 및 관리에 관한 업무는 한국산업인력공단에서 위탁 수행

2 「농업재해보험·손해평가의 이론과 실무」

① 담당 기관인 농업정책보험금융원에서 매해 발간하는 '손해평가사 자격시험을 위한 기준서'이다.

② 「농업재해보험·손해평가의 이론과 실무」의 구성
  • 1과목: 농작물재해보험 및 가축재해보험의 이론과 실무
  • 2과목: 농작물재해보험 및 가축재해보험 손해평가의 이론과 실무
③ '손해평가사 자격시험을 위한 기준서'의 변천
  • 1~7회: NH 손해보험 업무방법서
  • 8회~: 농업정책보험금융원에서 발간하는 「농업재해보험·손해평가의 이론과 실무」

✓ 포인트

「농업재해보험·손해평가의 이론과 실무」

담당 기관인 농업정책보험금융원에서 제공하는 손해평가사 2차 시험의 기준서이자 학습 범위로, NH 손해보험 업무방법서와 상품별 약관을 토대로 한다.

농작물재해보험 및 가축재해보험의 분류

1 상품 체계와 분류

1 농작물재해보험

① 품목과 품종: **예** 사과 품목 – 홍로 품종, 감자 품목 – 수미 품종
  • 현재 약 70개의 품목을 대상으로 하고 있으며, 매년 증가하고 있다.
② 보장방식(상품): 인수와 손해평가 관련 내용에 있어서 유사한 품목들을 묶어 하나의 보장방식으로 하고 있으며, 약 10개의 보장방식으로 분류하고 있다.
③ **예** 품목과 보장방식

품목	→	보장방식
벼, 밀·보리·귀리		종합위험 수확감소보장 논작물

④ 「농업재해보험·손해평가의 이론과 실무」에서의 각 보장방식 편성
  • 1과목(농작물재해보험 및 가축재해보험의 이론과 실무): 인수 관련 내용. 보상하는 재해, 보험기간, 보험가입금액, 보험료, 인수 관련 수확량, 가입 기준, 인수 제한 목적물 등
  • 2과목(농작물재해보험 및 가축재해보험 손해평가의 이론과 실무): 손해평가 및 보험금 산정 관련 내용. (보험기간 내 보상하는 재해가 발생한 경우) 조사 방법, 보험금 산정 방법

2 가축재해보험

① 대상 부문: 소, 돼지, 가금, 말, 종모두, 기타 가축, 축사
② 위와 같이 7개의 부문으로 분류하고 각 부문에 따른 축종이 있다.
③ 「농업재해보험·손해평가의 이론과 실무」에서의 가축재해보험의 편성
  • 1과목(농작물재해보험 및 가축재해보험의 이론과 실무): 정부 지원, 가입 단위, 부문별 보험의 목적, 부문별 보상하는 손해·보상하지 않는 손해, 가축재해보험 특별약관 등
  • 2과목(농작물재해보험 및 가축재해보험 손해평가의 이론과 실무): 보험계약자 등의 의무, 부문별 손해액 산정, 지급보험금의 산정 등

2 **농작물재해보험과 가축재해보험의 상품 구성 (학습 내용의 구성)**

1 **농작물재해보험의 보장방식, 보장방식별 품목**

① 아래와 같이 분류된다.
② 약관에 따른 분류가 아닌, 학습에의 편의를 위한 분류이다.

2 **가축재해보험 대상 부문, 부문별 축종**

아래와 같이 분류된다.

> **✓ 포인트**

> **시험 준비를 위한 소과목 분류**
>
> 손해평가사 2차 시험의 기준서인 「농업재해보험·손해평가의 이론과 실무」는 1과목·2과목의 2개의 과목으로 구성되어 있지만, 실제로는 다음 농작물재해보험의 보장방식을 기준으로 한 분류에 시설과 가축을 추가하면 12개의 소과목으로 나뉜다. (no. 1~12)

	보장방식	대상 품목(2025년 11회 시험 기준)
과수파트	**1. 적과 전 종합위험보장 II**	사과, 배, 단감, 떫은 감
	2. 종합위험 수확감소보장	① 비가림과수 손해보장 : 포도, 참다래, 대추
		② 복숭아, 자두, 감귤(만감류), 밤, 매실, 오미자, 유자, 호두, 살구
	3. 과실손해보장	① 종합위험 과실손해보장 : 오디, 감귤(온주밀감류), 두릅, 블루베리
		② 수확 전 종합위험 과실손해보장 : 복분자, 무화과

	보장방식	대상 품목(2025년 11회 시험 기준)
논작물	**4. 종합위험 수확감소보장**	① 벼(조곡), 밀, 보리, 귀리
		② 조사료용 벼

	보장방식	대상 품목(2025년 11회 시험 기준)
밭작물	5. 특정위험보장	인삼
	6. 종합위험 수확감소보장	① 양파, 양배추, 고구마, 마늘, 차, 감자(봄·고랭지·가을재배), 옥수수, 콩, 팥, 수박 ② 사료용 옥수수
	7. 농업수입 안정보장	① 밭작물 : 콩, 고구마, 마늘, 양파, 양배추, 감자(가을재배), 옥수수 ② 논작물 : 보리 ③ 과수 : 포도
	8. 생산비보장 노지 밭작물	① 고추, 브로콜리 ② 배추, 무, 단호박, 파, 당근, 메밀, 시금치, 양상추
	9. 생산비보장 시설작물, 시설재배 버섯	① 시설작물 : 국화, 장미, 백합, 카네이션, 딸기, 오이, 토마토, 참외, 고추, 호박, 수박, 멜론, 파프리카, 상추, 부추, 시금치, 가지, 배추, 파, 무, 미나리, 쑥갓, 감자 ② 시설재배 버섯 : 표고버섯, 느타리버섯, 양송이버섯, 새송이버섯

10. 시설종합	시설 종류	각 시설의 해당 보장방식(2025년 11회 시험 기준)
	비가림시설, 해가림시설, 농업용 시설물 및 부대시설, (축사)	① 비가림시설 : 비가림과수 손해보장 ② 해가림시설 : 특정위험보장 인삼, 종합위험보장 해가림시설 ③ 농업용 시설물 및 부대시설 : 종합위험 원예시설·버섯 손해보장 ④ 축사 : 가축재해보험

부문		대상 축종(2025년 11회 시험 기준)
11. 가축	소	한우, 육우, 젖소
	돼지	종모돈(種牡豚), 종빈돈(種牝豚), 비육돈(肥育豚), 유성돈(후보돈 포함), 자돈(仔豚), 기타 돼지
	가금	닭(종계(種鷄), 육계(肉鷄), 산란계(産卵鷄), 토종닭 및 그 연관 닭)
		오리, 꿩, 메추리, 칠면조, 거위, 타조, 관상조
		기타 회사가 정하는 가금(家禽)
	말	종마(종모마, 종빈마), 경주마(육성마 포함), 일반마, 기타 회사가 인정하는 말
	종모우	한우, 육우, 젖소
	기타 가축	사슴, 양, 꿀벌, 오소리, 토끼, 기타 회사가 정하는 가축
	축사	보험기간 중에 계약에서 정한 가축을 수용하는 건물 및 가축사육과 관련된 건물

12. 보험 이론	보험의 이해
	농업재해보험의 특성과 필요성

✓ **포인트**

위 보장방식별 품목은 2025년 11회 시험을 기준으로 한 것이며, 매해 증가한다. 이러한 세부적인 내용은 기초 과정에서는 크게 신경 쓰지 않는 것이 좋다.

03 CHAPTER 「농업재해보험·손해평가의 이론과 실무」의 특징과 구성

1 특징

① 손해평가사 2차 시험의 기준서로 농작물재해보험 및 가축재해보험의 각 상품을 대상으로 한다.

② 이론이 아닌, 매해의 현장실무를 반영한 '농작물재해보험 및 가축재해보험의 (보험)상품 내용'이 학습 범위와 내용이다.

③ 매해 현장실무에 따른 일부 내용의 개정으로 인해 2차 시험의 학습 내용 역시 일부 변경될 수 있지만, 그 변경 폭은 5~10%로 크지 않다.

> **참고) 「농업재해보험·손해평가의 이론과 실무」**
> - 시험 전해 12월 31일까지의 상품별 약관을 토대로 작성되며, 시험 당해 3~4월에 농업정책보험금융원 홈페이지에 확정, 공개되어 누구나 무료로 다운로드 받을 수 있다.
> - 확정 및 공개 시기가 2차 시험 시행 약 5~6개월 전이다. 공개 후 2차 시험 준비를 시작하기에는 기간이 충분하지 못하다.
> - 따라서 일반적으로 전년도 「농업재해보험·손해평가의 이론과 실무」로 시험 준비를 시작하며, 시험 당해의 「농업재해보험·손해평가의 이론과 실무」가 공개되면, 개정된 부분을 보충하는 방식으로 2차 시험을 준비한다.
> - 결함이 없는 이론이 아닌 현실 상품의 내용이 학습 대상이라는 특징을 지닌다.

2 구성

1 1과목: 농작물재해보험 및 가축재해보험의 이론과 실무. 인수 관련 내용

① 보상하는 재해, 보상하지 않는 손해: 각 보장방식에서 담보하는 재해의 종류와 조건, 보상하지 않는 경우 등을 규정한다.

② 보험기간: 보험기간 내에 발생한 보상하는 재해를 보상한다. 품목별 또는 재해별로 다를 수 있다.

③ 보험가입금액: 산출 방법에 관한 내용이며, 보장방식에 따라 감액하는 경우 등을 포함하고 있기도 하다.

④ 보험료: 보험료의 구성, 산출, 환급 등에 관한 내용이다.

⑤ 보험금: 2과목에서 상세하게 다루며, 1과목에서는 개념 위주의 간단한 산출 방법을 다룬다. 다만, 일부 보장방식은 2과목 수준의 내용이 담겨 있기도 하다.

⑥ 자기부담비율: 보험금이 발생할 경우 계약자가 부담하기로 약정한 비율이다. 대부분의 품목과 보장방식에 있어 동일하지만, 일부 품목별과 보장방식은 다르기도 하다.

⑦ 특별약관: 보통약관(주계약) 외에 품목별로 가입할 수 있는 특별약관의 종류와 해당 내용이다.

 • 예 종합위험 수확감소보장 포도 품목: 수확량감소 추가보장 특별약관, 나무손해보장 특별약관 등

⑧ 계약 인수 관련 수확량: 보험에 가입하기 위해 필요한 수확량으로 산출 방법을 다룬다. 보험가입금액, 보험료, 피해율의 기준으로 매우 중요하다.

⑨ 가입 기준: 가입을 위한 기준 단위와 이에 미치지 못하는 경우의 가입 기준에 관한 내용이다.

⑩ 인수 제한 목적물: 가입 대상 품목이지만 보험자가 인수할 수 없는 품목에 관한 내용이다.

2 2과목: 농작물재해보험 및 가축재해보험 손해평가의 이론과 실무

① 조사 방법: 보험기간 내 보상하는 재해가 발생한 경우 손해를 산정하기 위한 조사 방법이다.

② 보험금 산정: 조사 방법을 토대로 보험금을 산출하는 방법이다.

③ 별표 9: 각 품목별 보험금 계산식을 모아놓은 파트로, 부록의 형태로 실려있지만 매우 중요하다.

✓ 포인트

과목별 핵심 내용
 • 1과목: 계약 인수 관련 수확량, 보험가입금액, 보험료
 • 2과목: 보험금 산징

1 용어의 정의

1 농어업재해보험 관련 용어

① 보험가입금액: 보험가입자의 재산 피해에 따른 손해가 발생한 경우 보험에 서 최대로 보상할 수 있는 한도액으로서 보험가입자와 재해보험사업자 간에 약정한 금액

② 보험가액: 재산보험에 있어 피보험이익을 금전으로 평가한 금액으로 보험 목적에 발생할 수 있는 최대

③ 손해액(재해보험사업자가 실제 지급하는 보험금은 보험가액을 초과할 수 없음)

④ 보험료: 보험가입자와 재해보험사업자 간의 약정에 따라 보험가입자가 재해보험사업자에게 내야 하는 금액

⑤ 계약자부담보험료: 국가 및 지방자치단체의 지원보험료를 제외한 계약자가 부담하는 금액

⑥ 보험금: 보험가입자에게 재해로 인한 재산 피해에 따른 손해가 발생한 경우 보험가입자와 재해보험사업자 간의 약정에 따라 재해보험사업자가 보험가입자에게 지급하는 금액

2 농작물재해보험 관련 용어

① 보험의 목적: 보험의 약관에 따라 보험에 가입한 목적물로 보험증권에 기재된 농작물의 과실 또는 나무, 시설작물 재배용 농업용시설물, 부대시설 등

② 농지: 한 덩어리의 토지의 개념으로 필지(지번)에 관계없이 실제 경작하는 단위로 보험가입의 기본 단위임. 하나의 농지가 다수의 필지로 구성될 수도 있고, 하나의 필지(지번)가 다수의 농지로 구분될 수도 있음

③ 과수원: 한 덩어리의 토지의 개념으로 필지(지번)와는 관계없이 과실을 재배 하는 하나의 경작지

④ 자기부담비율: 보험사고로 인하여 발생한 손해에 대하여 보험가입자가 부담하는 일정 비율로 보험가입금액에 대한 비율

⑤ 전수조사: 보험가입금액에 해당하는 농지에서 경작한 수확물을 모두 조사 하는 방법

⑥ 표본조사: 보험가입금액에 해당하는 농지에서 경작한 수확물의 특성 또는 수확물을 잘 나타낼 수 있는 일부를 표본으로 추출하여 조사하는 방법

⑦ 평년수확량: 가입년도 직전 5년 중 보험에 가입한 연도의 실제 수확량과 표준수확량을 가입 횟수에 따라 가중 평균하여 산출한 해당 농지에 기대되는 수확량

⑧ 가입수확량: 보험 가입한 수확량으로 평년수확량의 일정 범위(50%~100%) 내에서 보험계약자가 결정한 수확량으로 가입금액의 기준

⑨ 표준수확량: 가입품목의 품종, 수령, 재배방식 등에 따라 정해진 수확량

⑩ 가입가격: 보험에 가입한 농작물의 kg당 가격

⑪ 표준가격) 농작물을 출하하여 통상 얻을 수 있는 표준적인 kg당 가격

⑫ 가입과중: 보험에 가입할 때 결정한 과실의 1개당 평균 과실무게

⑬ 감수과실수: 보장하는 자연재해로 손해가 발생한 것으로 인정되는 과실 수

⑭ 미보상감수량: 감수량 중 보상하는 재해 이외의 원인으로 감소한 양

3 조사 관련 용어

① 실제결과주수: 가입일자를 기준으로 농지(과수원)에 식재된 모든 나무 수. 다만, 인수조건에 따라 보험에 가입할 수 없는 나무(유목 및 제한 품종 등) 수는 제외

② 미보상주수: 실제결과나무수 중 보상하는 손해 이외의 원인으로 고사되거나 수확량(착과량)이 현저하게 감소된 나무 수

③ 고사주수: 실제결과나무수 중 보상하는 손해로 고사된 나무 수

④ 수확불능주수: 실제결과나무수 중 보상하는 손해로 전체주지·꽃(눈) 등이 보험약관에서 정하는 수준이상 분리되었거나 침수되어, 보험기간 내 수확이 불가능하나 나무가 죽지는 않아 향후에는 수확이 가능한 나무 수

⑤ 기수확주수: 실제결과나무수 중 조사일자를 기준으로 수확이 완료된 나무 수

⑥ 조사대상주수: 실제결과나무수에서 고사나무수, 미보상나무수 및 수확완료나무수, 수확불능나무수를 뺀 나무 수로 과실에 대한 표본조사의 대상이 되는 나무 수

⑦ 실제경작면적: 가입일자를 기준으로 실제 경작이 이루어지고 있는 모든 면적을 의미하며, 수확불능(고사)면적, 타작물 및 미보상면적, 기수확면적을 포함

⑧ 수확불능(고사)면적; 실제경작면적 중 보상하는 손해로 수확이 불가능한 면적

⑨ 타작물 및 미보상면적: 실제경작면적 중 목직물 외에 타작물이 식재되어 있거나 보상하는 손해 이외의 원인으로 수확량이 현저하게 감소된 면적

⑩ 기수확면적: 실제경작면적 중 조사일자를 기준으로 수확이 완료된 면적

1 종합위험

특정한 조건 없는(담보조건 없는) 자연재해와 조수해 및 화재를 모두 보상하는 재해로 인정한다.

① 자연재해

구분	정의
태풍피해	기상청 태풍주의보 이상 발령할 때 발령지역의 바람과 비로 인하여 발생하는 피해
우박피해	적란운과 봉우리적운 속에서 성장하는 얼음알갱이나 얼음덩이가 내려 발생하는 피해
동 상 해	서리 또는 기온의 하강으로 인하여 농작물 등이 얼어서 발생하는 피해
호우피해	평균적인 강우량 이상의 많은 양의 비로 인하여 발생하는 피해
강풍피해	강한 바람 또는 돌풍으로 인하여 발생하는 피해
한해 (가뭄피해)	장기간의 지속적인 강우 부족에 의한 토양수분 부족으로 인하여 발생하는 피해
냉해	농작물의 성장 기간 중 작물의 생육에 지장을 초래할 정도의 찬 기온으로 인하여 발생하는 피해
조해	태풍이나 비바람 등의 자연현상으로 인하여 연안 지대의 경지에 바닷물이 들어와서 발생하는 피해
설해	눈으로 인하여 발생하는 피해
폭염	매우 심한 더위로 인하여 발생하는 피해
기타 자연재해	상기 자연재해에 준하는 자연현상으로 인하여 발생하는 피해

② 조수해: 새나 짐승으로 인하여 발생하는 손해

③ 화재: 화재로 인한 피해

2 특정위험

① 자연재해가 특정한 조건을 충족할 경우 (담보조건을 충족할 경우) 보상하는 재해로 인정한다.

② 예시

구분	정의
태풍 (강풍)	기상청에서 태풍에 대한 기상특보(태풍주의보 또는 태풍경보)를 발령한 때 발령지역 바람과 비를 말하며, 최대순간풍속 14m/sec 이상의 바람(이하 "강풍")을 포함. 이때 강풍은 과수원에서 가장 가까운 3개 기상관측소(기상청 설치 또는 기상청이 인증하고 실시간 관측자료를 확인할 수 있는 관측소)에 나타난 측정자료 중 가장 큰 수치의 자료로 판정
집중 호우	기상청에서 호우에 대한 기상특보(호우주의보 또는 호우경보)를 발령한 때 발령지역의 비 또는 과수원에서 가장 가까운 3개소의 기상관측장비(기상청 설치 또는 기상청이 인증하고 실시간 관측 자료를 확인할 수 있는 관측소)로 측정한 12시간 누적 강수량이 80mm 이상인 강우 상태
지진	지구 내부의 급격한 운동으로 지진파가 지표면까지 도달하여 지반이 흔들리는 자연 지진을 말하며, 대한민국 기상청에서 규모 5.0 이상의 지진 통보를 발표한 때 지진 통보에서 발표된 진앙이 과수원이 위치한 시군 또는 그 시군과 인접한 시군에 위치하는 경우 피해를 인정

3 보장방식에 따른 보상하는 재해

① 농작물 재해보험은 일반적으로 종합위험(자연재해, 조수해, 화재)을 보상하는 재해로 한다.

② 특정한 조건을 충족해야 인정되는 특정위험을 보상하는 재해로 하는 보장방식도 있다.

보험기간에 따른 특정위험	
적과전 종합위험보장 II	• 적과 종료 이전 = 종합위험, 적과 종료 이후 = 특정위험 7종 • 해당 품목 : 사과·배, 단감·떫은 감
수확 전 종합위험 과실손해보장	• 수확 개시 이전 = 종합위험, 수확 개시 이후 = 특정위험 2종 • 해당 품목 : 복분자, 무화과
특정위험보장 인삼	보험기간 전체

4 특별약관에 의한 보상하는 재해

① 종합위험 기간이지만 특별약관에 가입하여 특정위험을 보상하는 재해로 하는 보장방식도 있다.

- 적과전 종합위험보장 II

적과 종료 이전 보통약관	종합위험
적과 종료 이전 '특정위험 5종 한정보장 특별약관' 가입	• 태풍(강풍)·화재·지진·집중호우·우박의 특정위험 5종만 보상 • 한정보장 특별약관 보험료 할인이 적용됨

② 보상하는 재해이지만 '부보장 특별약관'에 가입하여 보상하는 재해에서 제외할 수도 있다.

- 적과전 종합위험보장 II

적과 종료 이후 보통약관	특정위험 7종. 태풍(강풍), 화재, 지진, 집중호우, 우박, 일소, 가을동상해를 보상
적과 종료 이후 '일소 또는 가을동상해 부보장 특별약관' 가입	• 보상하는 재해에서 일소 또는 가을동상해 제외 • 부보장 특별약관 보험료 할인이 적용됨

3 보상하지 않는 손해

1 종합위험·특정위험 기간 관계없이 '보상하는 재해'로 정해진 것 이외의 원인에 의한 손해는 보상하지 않는다.

2 보상하지 않는 손해 - 기본: 아래에 해당하는 것은 보상하는 재해가 발생한 경우라도 보상하지 않는다.

① 계약자, 피보험자 또는 이들의 법정대리인의 고의 또는 중대한 과실로 인한 손해

② 수확기에 계약자 또는 피보험자의 고의 또는 중대한 과실로 수확하지 못하여 발생한 손해

③ 제초작업, 시비관리 등 통상적인 영농활동을 하지 않아 발생한 손해

④ 원인의 직·간접을 묻지 않고 병해충으로 발생한 손해

⑤ 보장하지 않는 재해로 제방, 댐 등이 붕괴되어 발생한 손해

⑥ 하우스, 부대시설 등의 노후 및 하자로 생긴 손해

⑦ 계약체결 시점 현재 기상청에서 발령하고 있는 기상특보 발령 지역의 기상특보 관련 재해로 인한 손해

⑧ 보상하는 재해에 해당하지 않은 재해로 발생한 손해

⑨ 전쟁, 혁명, 내란, 사변, 폭동, 소요, 노동쟁의, 기타 이들과 유사한 사태로 생긴 손해

⑩ 보상하는 손해에 해당하지 않는 재해로 발생한 생리장해

✓ **포인트**

보상하지 않는 손해

위의 10종을 기본으로 하여, 품목·보장방식·보험기간에 따라 ±된다.

농작물 재해보험 보험가입금액, 보험료 및 보험금 산정의 기초원리

1 보험가입금액

① 가입수확량에 가입가격을 곱하여 산출한다.

② 가입수확량: 보험에 가입한 수확량으로 가입가격에 곱하여 보험가입금액을 결정하는 수확량을 말한다. **평년수확량**의 50%~100% 사이에서 계약자가 결정한다.

③ 보험에 가입할 때 결정된 작물의 kg당 가격

④ 예 평년수확량 1,000kg, 가입가격 1,000원/kg

- 가입비율 100%: 보험가입금액=1,000×1,000=1,000,000원
- 가입비율 50%: 보험가입금액=(1,000×0.5)×1,000=500,000원

2 보험료의 구성 및 산출

1 영업보험료(율)=순보험료(율)+부가보험료(율)

① 순보험료: 지급보험금의 재원이 되는 보험료

② 부가보험료: 보험회사의 경비 등으로 사용되는 보험료

③ **예** 보험가입금액 1,000,000원, 영업보험료율 10%, 순보험료율 9%, 이외 보험료에 적용하는 다른 항목 없음 가정

- 영업보험료=1,000,000×0.1=100,000원
- 순보험료=1,000,000×0.09=90,000원
- 부가보험료=1,000,000×0.01=10,000원
- 영업보험료 100,000원=순보험료 90,000원+부가보험료 10,000원

2 지원보험료

① 정부보조보험료는 순보험료의 50%와 부가보험료의 100%를 지원한다.
② 지자체지원보험료는 지자체별로 지원금액(비율)을 결정한다.
③ **예** 보험가입금액 1,000,000원, 영업보험료율 10%, 순보험료율 9%, 지자체 지원율 40%, 이외 보험료에 적용하는 다른 항목 없음 가정

- 총 지원보험료=순보험료 중 정부·지자체 지원보험료 {90,000×(0.5+0.4)}+부가보험료 10,000=91,000원
- 계약자부담보험료=영업보험료 100,000-총 지원보험료 91,000=9,000원

> ✓ **포인트**
>
> 대부분의 품목은 순보험료 대비 정부지원보험료가 50%이지만, 그렇지 않은 품목도 있다.

3 각종 할인·할증률

① 보험료를 계산할 때에는 품목에 따라 각종 할인율 또는 할증률이 적용되기도 한다.
② **예** 가입연수 및 손해율에 따른 할인할증률, 방재시설 할인율, 부보장 특별약관 할인율, 친환경재배 할증률 등

---

3 보험금 산정 – 수확감소보장방식

1 보험금=보험가입금액×(피해율-자기부담비율)

=(보험가입금액×피해율)-(보험가입금액×자기부담비율)

=피해액(손해액)-자기부담금 → 피해율 산출이 key!

2 지급보험금

① 보상하는 재해로 인한 피해액(손해액)-계약자부담 자기부담금

② 피해율에서 자기부담비율을 차감한 만큼을 보험가입금액 내에서 지급한다.

③ 최대 지급보험금 한도=보험가입금액×(1-자기부담비율) ← 피해율이 100%인 경우

3 피해율

① 보상하는 재해로 인한 (평년수확량 대비) 수확량의 감소 비율

② 피해율: 아래의 산출식은 모두 동일한 피해율 산출식이다.

- 평년수확량 대비 보상하는 재해로 인한 수확량의 감소 비율 → 수확량 산출이 key!

$$\frac{(평년수확량 - 수확량 - 미보상감수량)}{평년수확량}$$

$$=$$

$$\frac{평년수확량 - (수확량 + 미보상감수량)}{평년수확량}$$

$$=$$

$$\frac{수확감소량}{평년수확량}$$

4 평년수확량

① 정의: 농지의 기후가 평년 수준이고 비배관리 등 영농활동을 평년 수준으로 실시하였을 때 해당 농지에 '기대할 수 있는 수확량'이다.

② 산출 방법: 보험에 가입하는 농지의 과거 5년 중 보험에 가입한 연도의 실제 수확량과 표준수확량을 기초로 산출

③ 용도: 보험가입금액의 결정 및 보험금 산정 시 감수량 산정을 위한 기준이다.

④ 농작물 재해보험 '가입 시' 각 농지(과수원)의 가입하는 해에 기대되는 수확량인 평년수확량이 산출된다.

✓ 포인트

수확감소보장

- 보상하는 재해로 인한 수확감소량을 보장한다.
- 보상하는 재해가 발생하면 수확량조사를 통해 조사수확량을 산출한다.
- 보험금 지급대상 손해=수확감소량=올해 농지에 기대되는 예상 수확량(평년수확량)-조사수확량

5 수확량 (조사수확량)

1 수확량이란.

① 수확량조사의 과정

보상하는 재해 발생 → 사고접수 → 피해사실확인조사 → 보상하는 재해로 인한 피해 여부 확인 및 추가 조사 필요 여부 결정 → 추가 조사(수확량조사) → 조사수확량 산출

② 보상하는 재해 이외의 원인으로 발생한 수확량의 감소(미보상감수량)는 계약자의 수확으로 간주하고 수확량에 포함한다. (위 3. (1) 피해율 참조)

2 미보상감수량

① 보상하는 재해 이외의 원인으로 수확량이 감소되었다고 평가되는 부분을 말하며, 계약 당시 이미 발생한 피해·제초 상태 불량 등으로 인한 수확 감소량으로서 피해율 산정 시 감수량에서 제외한다.

② 실제로 감소한 수확량이지만 보상하는 손해 즉, 보험자가 담보하는 사유에 의한 감소량이 아니므로 보험금 지급 대상인 수확 감소량으로 인정하지 않는다.

3 즉, 피해율 산출을 위한 수확량은 다음과 같다.

① 수확량=조사수확량+미보상감수량

② 위와 같은 개념이지만, 조사수확량과 미보상감수량을 구분해야 한다.

1 자기부담비율이란.

소액사고를 보장 대상에서 제외하여 계약자의 보험료 부담을 경감하고, 농업인이 일정 수준의 피해를 부담하게 함으로써 도덕적 해이를 견제하기 위함을 목적으로 한다.

2 농작물 재해보험에서의 자기부담비율

자기부담비율의 일반적 분류	10%, 15%, 20%, 30%, 40% 형. 일부 품목 또는 보장방식은 다르기도 하다.
10%, 15% 형	가입이 제한된다.
20%, 30%, 40% 형	보험계약 시 가입자가 선택한다.

3 보험금 산정에 적용되는 형태

① 자기부담비율
② 자기부담금
③ 자기부담감수량

4 의미

① 보상하는 재해로 인해 각 보장방식의 보험금 산정 방식에 따라 산정된 '인정되는 손해'에서 차감하는 '계약자가 부담하는 몫'이다.
② 지급 보험금의 원리: '피해액(손해액)-자기부담금=피해율-자기부담비율' 만큼의 금액을 가입금액 한도 내에서 지급

7 보험가입금액, 보험료, 보험금의 상관관계

1 보험가입금액과 보험료

① 보험료는 보험가입금액을 기준으로 산출된다.

② 보험료=보험가입금액×보험료율(%)×각종 할인·할증률

③ 예 종합위험 수확감소보장 논작물(벼 품목)의 보통약관 보험료
- 보통약관 보험가입금액×지역별 보통약관 영업요율×(1±손해율에 따른
  할인·할증율)×(1+친환경 재배 시 할증률)×(1+직파재배 농지 할증률)

2 보험가입금액과 보험금

① 보험금은 보험가입금액 중 피해율에서 자기부담비율을 차감한 만큼 지급된다.
- 보험금=보험가입금액×(피해율-자기부담비율)

② 보험금은 보험가입금액을 기준으로 지급 한도가 정해진다.
- 지급보험금 한도 ≤ 보험가입금액×(1-자기부담비율)

인수 관련 수확량

1 인수 관련 수확량이란.

① 계약 인수 시(보험가입 시) 필요한 수확량이다.

② 농작물의 보험가입금액 등을 산정하기 위해서는 보험목적물의 가액이 필요하다. 가입하려는
농지의 농작물의 가액은 수확량이며, 가입 시점에는 알 수 없다. 이에 과거의 해당 농지의
data를 활용해 '올해 해당 농지에 기대되는 예상 수확량'을 산출한다.

③ 인수 관련 수확량의 핵심은 이 예상 수확량인 평년수확량이며, 평년수확량은 표준수확량을
토대로 한다. 또한, 평년수확량의 일정 비율을 가입수확량으로 정하여 보험가입금액 등을
산정하게 된다.

④ 인수 관련 수확량은 이 표준수확량, 평년수확량, 가입수확량을 의미한다.

> **✓ 포인트**
>
> **적과전 종합위험보장의 인수 관련 수확량**
> 표준수확량, 평년착과량, 가입수확량

2 표준수확량

① 과거의 통계를 바탕으로 농지별 경작 요소(재배환경 · 비배관리 · 재배방식 등)를 고려하여
산출한 예상 수확량이다.

② 가입 품목의 품종 · 수령(· 재배방식) 등에 따라 정해진 수확량이다.

③ 예 사과 일반재배 표준수확량

수령	1그룹		2그룹		3그룹		기타	
	수량 (kg/10a)	주당 수량 (kg/주)	수량 (kg/10a)	주당 수량 (kg/주)	수량 (kg/10a)	주당 수량 (kg/주)	수량 (kg/10a)	주당 수량 (kg/주)
5	996	27	953	26	837	23	928	25
6	1,433	39	1,376	37	1,239	33	1,349	36
7	1,873	51	1,802	49	1,654	45	1,776	48
8	2,293	62	2,210	60	2,055	56	2,186	59
9	2,679	72	2,586	70	2,428	66	2,564	69
10	3,024	82	2,921	79	2,764	75	2,903	78

3 평년수확량

✓ 포인트

평년수확량

신규 가입 과수원의 평년수확량 산출 방법, 평년수확량의 한도, 평년수확량 중 과거수확량(A값) 산출 방법 등은 변경되기도 한다. 기초 원리의 이해를 목표로 한다.

1 평년수확량이란.

① 정의: 농지의 기후가 평년 수준이고 비배관리 등 영농활동을 평년 수준으로 실시하였을 때 해당 농지에 '기대할 수 있는 수확량'이다.

② 용도: '보험가입금액의 결정' 및 '보험금 산정 시 감수량 산정'을 위한 기준이 되는 수확량이다.

$$수확감소보장\ 피해율 = \frac{*평년수확량 - (수확량 + 미보상감수량)}{*평년수확량}$$

④ 전제 조건: 자연재해가 없는 이상적인 상황에서 수확할 수 있는 수확량이 아니라 평년 수준의 재해가 있다는 것을 전제로 한다.

2 산출 방법

① 신규 가입하는 농지: '표준수확량'을 기준으로 평년수확량 결정한다. 품목에 따라 표준수확량의 70% 또는 100%를 평년수확량으로 한다.

② '최근 5년 이내'에 농작물 재해보험에 가입한 경험이 있는 농지: 최근 5개년의 '수확량 및 표준수확량에 의해' 평년수확량을 산출한다. → 아래 (3)의 산출식에 의해 산출

3 평년수확량의 산출

① 산출식

$\left\{A+(B-A)\times(1-\dfrac{Y}{5})\right\}\times\dfrac{C}{B}$	• A(과거평균수확량) = Σ(과거 5년간 수확량)÷Y
	• B(과거평균표준수확량) = Σ(과거 5년간 수확량)÷Y
	• C(표준수확량) = 가입하는 해의 표준수확량
	• Y = 과거수확량 산출년도 횟수(가입 횟수)

② 산출된 평년수확량의 한도: 보험가입연도 표준수확량의 130%를 초과할 수 없다.

4 산출식 항목 중 과거 평균 수확량 A

① 최근 5개년 중 보험에 가입한 해의 수확량 평균값, 즉 과거수확량의 평균값

② 보험에 가입한 해라면 무사고 또는 유사고이다.

- 무사고인 해에는 수확량조사를 하지 않으므로 조사수확량이 없다. 표준수확량과 평년수확량을 비교하여 그 해의 수확량(a)를 결정한다.
- 유사고인 해에는 수확량조사를 하므로 조사수확량이 있다. 조사수확량이 그 해의 수확량(a)이지만, 평년수확량의 50%와 비교하여 수확량(a)를 결정한다.

③ 산출방법: 최근 5개년 중 보험에 가입한 해의 a 값들의 평균값

사고가 발생하지 않아 수확량조사를 하지 않은 경우	max(표준수확량, 평년수확량)×110%
사고가 발생하여 수확량조사를 한 경우	조사수확량 > 평년수확량×50% → 조사수확량
	평년수확량×50% ≥조사수확량 → 평년수확량×50%
	max(조사수확량, 평년수확량 × 50%)

✓ 포인트

1. 평년수확량: '수확감소보장', '과실손해보장(일부 품목)' 및 '농업수입안정보장'에만 적용된다.
2. 평년수확량, 과거수확량(a) 산출 및 신출된 평년수확량이 합두: 품목에 따라 다르기도 하다.
3. 적과전 종합위험보장Ⅱ: 평년수확량이 아닌 평년착과량을 사용한다.
4. 특정위험보장 인삼: 피해율 산정의 기준으로 평년수확량 대신 연근별 기준수확량을 사용한다.
5. 생산비보장: 사고 발생 시점까지 투입된 생산비를 보장하므로 수확량과 관계없다.

5 표준수확량과 평년수확량

표준 수확량	① 특정 품목이 특정 지역에 있어서 표준적인 경작 조건일 때의 예상 수확량이다. ② 표준수확량에 가입 농지의 경작 요소를 적용하여 가입 농지의 표준수확량을 산출할 수 있다. ③ 표준수확량은 평년수확량 산출의 필요 조건이다. (평년수확량 산출식 참조)
평년 수확량	① 최근 5년간의 가입 농지의 표준수확량과 (조사)수확량을 기준으로 산출한 올해 예상되는 수확량이다. ② 평년수확량은 수확량감소 및 보험가입을 위한 가입수확량 등의 기준으로 매우 중요하다.

4 가입수확량

① 보험에 가입한 수확량으로 평년수확량의 일정 범위 내에서 계약자가 결정하는 수확량이다.
② 평년수확량의 50%~100% 사이 범위에서 보험계약자가 결정한다.
③ 품목에 따라 다르기도 하다.

07 CHAPTER

인수 ~ 보험금 지급의 과정
예시 품목 : 종합위험 수확감소보장 감자(가을재배)

1 인수 (보험 가입)

품목에 따른 보장방식 (확인 및 선택)

종합위험 수확감소보장방식 또는 종합위험 농업수입보장방식 중 선택

종합위험 수확감소보장방식 선택

농지(과수원)의 평년수확량 산출

표준수확량 및 과거수확량 필요

평년수확량 산출 : 신규 가입 또는 최근 5년 이내 가입 여부에 따름

가입수확량 결정

평년수확량의 50%~100% 범위 내 계약자가 결정

보험가입금액 산출 : 보험가입금액 = 가입수확량 × 가입가격

보험료 결정

보험가입금액 × 지역별 보통약관 영업요율 × (1 ± 손해율에 따른 할인·할증율) × (1 − 방재시설 할인율)

보험료 납입 및 보험자 책임 개시

2 보상하는 재해 발생 및 손해조사

보험 기간 내 보상하는 재해에 의한 사고 발생

사고접수

피해사실 확인조사

보상하는 재해 여부 확인 및 추가 조사(수확량조사) 필요 여부 판단

추가 조사 실시

수확량조사

(조사)수확량 산출

✓ 추가 조사의 종류는 계약자가 신청한 보험금의 종류에 따라 다르다.

> **✓ 포인트**
>
> **수확감소보험금 (밭작물)에서 계약자가 신청할 수 있는 보험금 및 그에 따른 조사 종류**
>
> - 수확감소보험금: 수확량의 감소를 보장 → 수확량조사
> - 경작불능보험금: 식물체피해율 65% 이상인 경우 보장 → 경작불능조사 (경작을 이어가지 않고 산지 폐기)
> - 재파종보험금: 마늘 품목 → 재파종 조사
> - 재정식보험금: 양배추 품목 → 재정식 조사

3 보험금 산정

피해율 산출

평년수확량, 수확량 조사를 통해 산출된 (조사)수확량 및 미보상감수량으로 피해율 산출

- 피해율 = (평년수확량 – 수확량 – 미보상감수량) ÷ 평년수확량

보험금 산정

보험금 = 보험가입금액 × (피해율 – 자기부담비율)

지급보험금 한도 확인

지급보험금 ≤ 보험가입금액 × (1 – 자기부담비율)

CHAPTER 08 보험금 산정을 위한 공통적인 조사 종류 및 산출 항목

i. 과수 파트

적과전 종합위험보장 II, 종합위험 수확감소보장 과수, 수확 전 종합위험 및 종합위험 과실손해보장

1 피해사실 확인조사

1. 대상 농지 : 사고가 접수된 농지 모두에 대하여 실시하는 조사

2. 조사 시기 : 사고접수 직후 실시

3. 조사 내용 :

① 보상하는 재해로 인한 피해 여부 확인

② 추가 조사(수확량 조사) 필요 여부 판단
- 태풍 등과 같이 재해 내용이 명확하거나 사고접수 후 바로 추가 조사가 필요한 경우 등에는 피해사실 확인조사를 생략할 수 있다.
- 필요 여부를 판단해야 하는 추가 조사의 종류는 보장방식 및 품목에 따라 다를 수 있다.

✓ 각 보장방식의 이해 참조

2 착과수 조사

1 조사가 필요한 경우

① 착과수 조사 : 해당 과수원에 착과된 총 과실수를 조사한다.

② 조사하는 경우

가입수확량 또는 보험금 산정을 위해 조사 시점의 총 착과수를 의무 조사하는 경우

- 적과전 종합위험보장Ⅱ : 적과후 착과수 조사
- 종합위험 수확감소보장(포도·복숭아·자두·만감류). (수확 전) 착과수조사
- 농업수입안정보장(포도): (수확 전) 착과수조사

착과감수과실수(감수량) 산출을 위한 조사

착과(피해과실)수×착과피해구성률＝착과감수과실수

✓ 포인트

용어의 정의
- 착과(수): 나무에 달려 있는 과실
- 낙과(수): 나무에서 떨어진 과실
- 적과: 해거리를 방지하고 안정적인 수확을 위해 알맞은 양의 과실만 남기고 나무로부터 과실을 따버리는 것

2 조사방법: 표본조사

1. 조사대상주수 조사 : 과수원 전체의 나무에서 '이번 조사의 대상이 되는 나무 수'

① 조사대상주수＝실제결과주수－미보상주수(－수확불능주수)－고사주수(－기수확주수)

② 수확불능주수 : 적과전 종합위험보장Ⅱ에서만 피해주수로 인정

③ 기수확주수 : 조사 시기에 따라 기수확주수의 유무가 결정된다.

2. 조사대상주수에 따른 표본주수 산정 및 표본주 선정 : '품목별 표본주수 표'에 따름

3. 표본주별 각 착과과실수 조사 및 합계

4. (표본)주당 착과수 ＝ $\dfrac{\text{표본주 착과수 합계}}{\text{표본주수 합계}}$

5. 착과수 산출 : 착과수＝조사대상주수×(표본)주당 착과수

예 실제결과주수 100주, 미보상주수 10주, 고사주수 5주, 수확불능주수 3주, 표본주 6주, 표본주 착과수 합계 600개

  1. 조사대상주수＝100－10－5－3＝82주

  2. 주당 착과수＝600÷6＝100개

  3. 착과수＝82×100＝8,200개

1 의미와 종류

피해과실수	• 보상하는 재해로 피해입은 모든 과실수 • 기본 종류 : 착과피해과실수, 낙과피해과실수, 나무피해로 인한 피해과실수
감수과실수	• 피해과실수 중 손해가 인정되는 비율만큼의 과실수로 회사가 보상하는 과실수 • 보험금 지급 대상이 되는 과실수 • 기본 종류 : 착과감수과실수, 낙과감수과실수, 나무피해감수과실수

2 과수 손해보상의 기본 원리

① 보상하는 재해로 인한 피해과실수 중 손해를 보상할 감수과실수를 산정한다.

② 보장방식에 따라 손해(감수과실수)를 보상하는 구체적인 방법은 아래와 같이 다를 수 있지만, 기본은 피해과실수 중 감수과실수(감수량)의 산출이다.

적과전 종합위험보장 II	적과종료 이후 : 감수과실수를 누적하여 보상
종합위험 수확감소보장 과수	수확량의 기준을 세우고 감수량을 차감하여 수확량 계산 → 평년수확량 대비 수확량의 감소를 보상

① 표본조사를 하는 경우 조사대상주수 또는 조사대상면적에 따라 조사해야 하는 적정 표본주(구간)수가 정해져 있는 표이다. 「농업재해보험·손해평가의 요령」의 부록(별표)로 실려있다.

② 과수: 표본주수 표, 논작물·밭작물: 표본구간수 표

③ 📋 사과, 배, 단감, 떫은 감, 포도(수입보장 포함), 복숭아, 자두, 감귤(만감류), 밤, 호두, 무화과

조사대상수수	표본주수
50주 미만	5
50주 이상 100주 미만	6
100주 이상 150주 미만	7
150주 이상 200주 미만	8
200주 이상 300주 미만	9
300주 이상 400주 미만	10
400주 이상 500주 미만	11
500주 이상 600주 미만	12
600주 이상 700주 미만	13
700주 이상 800주 미만	14
800주 이상 900주 미만	15
900주 이상 1,000주 미만	16
1,000주 이상	17

④ 📋 종합위험방식 논작물 품목(벼, 밀, 보리)

조사대상면적	표본구간	조사대상면적	표본구간
2,000㎡ 미만	3	4,000㎡ 이상 5,000㎡ 미만	6
2,000㎡ 이상 3,000㎡ 미만	4	5,000㎡ 이상 6,000㎡ 미만	7
3,000㎡ 이상 4,000㎡ 미만	5	6,000㎡ 이상	8

5 낙과수조사

① 보상하는 재해로 인해 낙과된 과실수를 조사한다.

② 낙과감수과실수(감수량) 산출을 위한 조사: 낙과(피해과실)수×낙과피해구성률=낙과감수과실수

③ 조사방법: 전수조사 또는 표본조사

표본조사	1. 조사대상주수에 따른 표본주수 산정 및 표본주 선정: '**품목별 표본주수표**'에 따름
	2. 표본주별 수관면적 내에 있는 낙과수를 조사
	3. (표본)주당 낙과수 $= \dfrac{\text{표본주 낙과수 합계}}{\text{표본주수 합계}}$
	4. 낙과수 산출 : 낙과수 = 조사대상주수 × (표본)주당 낙과수
전수조사	과수원 내 전체 낙과를 조사

---

6 착과·낙과피해구성조사

1 피해구성조사

① 의미: 착과감수과실수(감수량), 낙과감수과실수(감수량) 산출에 필요한 착과·낙과피해구성률 산출을 위한 조사이다.

② 착과(피해과실)수×착과피해구성률=착과감수과실수,
낙과(피해과실)수×낙과피해구성률=낙과감수과실수

③ 피해구성률: 전체 피해과실수 중 회사가 보상하는 비율

④ **예** 착과(피해)과실수 1,000개×착과피해구성률 50%=착과감수과실수 500개 보상 → 보상하는 재해로 1,000개의 착과수가 피해를 입었지만, 회사가 보상하는 과실수는 500개이다.

⑤ 조사방법: 착과·낙과피해구성조사 동일

| |
| 1. 착과·낙과피해과실수 중 표본과실수 추출 |
| 2. 표본과실을 '**과실분류에 따른 피해인정계수**'에 따라 분류 |
| 3. **착과·낙과피해구성률 산출** |

2 '과실 분류에 따른 피해인정계수'에 따라 분류

① 과실의 착과·낙과피해조사에서 과실의 피해를 분류하는 것이다.

② 보상하는 재해에 의한 피해 과실이라고 해도 전부를 100% 피해로 인정하지 않는다. 피해가 없는 과실, 가격 하락이 예상되지만 판매 가능한 과실, 가공용으로 납품하여 수익을 올릴 수 있는 과실 등이 있을 수 있기 때문이다.

③ 착과·낙과피해조사에서 표본과실을 추출하고, 표본과실을 정상 과실과 피해 과실로 분류하고 피해 과실은 다시 50%·80%·100% 피해형으로 분류한다. (예외: 감귤(온주밀감류))

④ '피해인정'계수: 정상 과실=0, 50% 피해형 과실=0.5, 80% 피해형 과실=0.8, 100% 피해형 과실=1.0

⑤ 나무감수과실수의 피해구성조사가 없는 이유: 보상하는 재해로 나무가 고사한 경우 고사주수의 과실은 100% 피해형으로 인정한다. 나무가 죽은 경우 해당 나무의 과실은 제대로 결실되거나 수확할 수 없기 때문이다.

⑥ 과실분류에 따른 피해인정계수(복숭아 외): 「농업재해보험·손해평가의 요령」의 부록(별표)로 실려있다.

과실분류	피해인정계수	비고
정상과	0	피해가 없거나 경미한 과실
50%형 피해 과실	0.5	일반시장에 출하할 때 정상과실에 비해 50% 정도의 가격 하락이 예상되는 품질의 과실 (단, 가공공장 공급 및 판매 여부와 무관)
80%형 피해 과실	0.8	일반시장 출하가 불가능하나 가공용으로 공급될 수 있는 품질의 과실(단, 가공공장공급 및 판매 여부와 무관)
100%형 피해 과실	1	일반시장 출하가 불가능하고 가공용으로도 공급될 수 없는 품질의 과실

3 착과·낙과피해구성률 산출

① 기능: 피해과실수 중 보험금 지급 대상인 감수과실수를 산출하기 위해 적용되는 비율이며, 손해가 인정되는 비율로 이해하면 된다.

② 예 피해구성률 산출

정상 과실수	50% 피해형	80% 피해형	100% 피해형
20개	10개	20개	50개

1. 피해구성률=$\dfrac{10 \times 0.5 + 20 \times 0.8 + 50 \times 1.0}{100}$ = 71%

2. 분자=피해 과실수×각 피해인정계수, 분모=정상 과실수 포함 전체 과실수(=기준과실수)

3. 착과피해구성율·낙과피해구성율 산출 방법은 동일하다.

4 착과감수과실수 산출 예시

- 우박으로 착과피해 발생, 이전 사고 없음

- 조사대상주수 100주, 표본주당 착과수 150개, 착과피해구성률 50%

- 착과감수과실수 = (100 × 150) × 0.5 = 15,000 × 0.5 = 7,500개

- 계산 순서

  1. 나무조사 → 이번 사고에서 조사해야 하는 나무 = 조사대상주수 산출

  2. 조사대상주수의 총 착과수 조사(표본조사. 착과피해과실수 조사) :

     착과수 = 조사대상주수 × (표본)주당 착과수 ← 품목별 표본주수 표 필요

  3. 착과피해구성조사 → 착과피해구성률 산출 → 과실분류에 따른 피해인정계수 필요

  4. 착과감수과실수 산출 : 착과감수과실수 = 착과수 × 착과피해구성률

- 100주에 주당 150개의 과실이 착과되어 있어 총 착과(피해과실)수는 15,000개

- 이 중 우박 사고로 인한 감수과실수는 착과(피해과실)수의 50%인 7,500개

- 15,000개가 착과된 상태로 우박 피해를 입었으나, 그 중 보험금 지급 대상은 7,500개

7 고사나무조사

1 의미

① 보험의 목적인 과실이 아닌, 나무 자체의 피해(고사)를 산출하기 위함이다.

② 주계약(보통약관)이 아닌 나무손해보장 특별약관에 가입한 경우만 해당한다.

2 조사 방법

1. 대상 농지 : 나무손해보장 특별약관 가입한 농지 중 사고 접수된 농지 → 특별약관에 가입한 경우만 해당한다.

2. 조사 시기 : 수확 완료 시점 이후에 실시하되, 나무손해보장 특약 종료 시점을 고려하여 결정한다.

3. 조사 내용 : 보상하는 재해로 고사한 나무 조사 → '고사'만 피해로 인정한다.

4. 대상 재해 : 종합위험. 자연재해, 조수해, 화재

5. 조사 방법 : 실제결과주수, 수확 완료 전 고사주수, 수확 완료 후 고사주수 및 미보상 고사주수를 조사한다.
- 적과전 종합위험보장 Ⅱ : 품종별·재배방식별·수령별로 조사
- 종합위험 수확감소보장 과수, 수확 전 종합위험 과실손해보장 무화과, 종합위험 과실손해보장 감귤(온주밀감류) : 품종별·수령별로 조사

3 피해율 및 보험금

① 고사주수만 피해로 인정한다.
② 피해율=고사주수÷실제결과주수
③ 보험금=(나무손해보장 특별약관) 보험가입금액×(피해율-자기부담비율)
④ 자기부담비율: 모든 나무손해보장 특별약관의 자기부담비율은 5%로 동일하다.

4 나무손해보험금 예시

- 보험가입금액 3,000만원
- 실제결과주수 300주, 화재로 인한 고사주수 60주, 병충해로 인한 고사주수 10주, 화재로 인한 수확불능주수 30주

1. 피해율＝60÷300＝20%
2. 보험금＝30,000,000×(0.2-0.05)＝4,500,000원

✓ 나무손해보장의 보상하는 재해는 자연재해, 조수해, 화재이다.

ii. 논작물, 밭작물 파트

종합위험 수확감소보장 논작물, 종합위험 수확감소보장 밭작물, 농업수입안정보장

> **참고)**
> 논작물과 밭작물은 과수 파트에 비해 상대적으로 난이도가 높지 않다.
> 보험금 산정 등의 각 예시는 기본과정에서 학습해도 충분하다.

1 피해사실 확인조사

1. 대상 농지 : 사고가 접수된 농지 모두에 대하여 실시하는 조사

2. 조사 시기 : 사고접수 직후 실시

3. 조사 내용 :

　① 보상하는 재해로 인한 피해 여부 확인

　② 추가 조사(수확량조사) 필요 여부 판단

　　• 태풍 등과 같이 재해 내용이 명확하거나 사고접수 후 바로 추가조사가 필요한 경우 등에는 피해사실확인조사를 생략할 수 있다.
　　• 필요 여부를 판단해야 하는 추가조사의 종류는 보장방식 및 품목에 따라 다르다.

✓ 각 보장방식의 이해 참조

2 경작불능조사

1. 대상 농지 :

　① 피해사실 확인조사 시 경작불능조사가 필요하다고 판단된 농지
　② 사고접수 시 이에 준하는 피해가 예상되는 농지

2. 조사 시기 :

　① 피해사실확인조사 직후
　② 사고접수 직후

3. 조사 내용 : 보상하는 재해로 인한 식물체 피해율의 65% 이상 여부를 조사한다.

3　수확량조사

1. 대상 농지 :

① 피해사실 확인조사 시 수확량조사가 필요하다고 판단된 농지

② 경작불능조사 결과 수확량조사를 실시하는 것으로 결정(식물체 피해율이 65% 미만이거나 계약자가 경작불능보험금을 신청하지 않는 경우)된 농지 → 피해는 있지만, 경작불능보장 조건인 65% 이상의 피해가 아니거나, 계약자가 경작불능보험금 대신 수확감소보험금을 선택하는 경우

2. 조사 내용 : 보상하는 재해 발생 후의 해당 농지의 수확량 조사

3. 조사 시기 : 수확 직전(수확량의 확인이 가능한 시기)

4. 조사 방법 :

① 보상하는 재해 여부 심사

② 수확량조사 적기 판단 및 시기 결정

- '작물'의 특성을 고려해 수확량의 확인을 해도 되는 시점인지 확인하는 의미로 품목마다 구체적으로 정해져 있다.
- 예 고구마. 비대가 종료된 시점. 삽식일로부터 120일 이후.

③ 면적 확인 : 실제경작면적, 수확불능(고사)면적, 타작물 및 미보상 면적, 기수확면적 확인

- 과수의 착과수, 낙과수 조사 시 나무 조사와 같이 논작물, 밭작물은 면적 확인이 기본이다.

④ 조사대상면적 확인 : 농지 전체의 면적에서 '이번 조사의 대상이 되는 면적'

- 조사대상면적 = 실제경작면적 - 수확불능(고사)면적 - 타작물 및 미보상 면적 - 기수확면적

⑤ 수확량 산출 : 표본조사를 통해 수확량을 산출한다.

✓ 각 보장방식의 이해 참조

<table><tr><td>**4**</td><td>**과수와 논·밭작물 차이**</td></tr></table>

① 과수: '피해'과실수(착과·낙과감수과실수, 나무감수과실수)를 조사한다.

② 논·밭작물: 피해를 조사하여 피해를 반영한 후의 '유효'한 작물의 중량을 조사한다.

③ 이에 해당하지 않는 품목도 있으나 기본 원리는 이와 같다.

iii. 기타 조사

> **✓ 포인트**
>
> **기타 조사**
> 「농업재해보험·손해평가의 요령」의 부록에 실려있는 내용들이지만, 매우 중요하다.

<table><tr><td>**1**</td><td>**미보상비율 확인**</td></tr></table>

1 미보상비율과 미보상감수량

① 과수, 논작물, 밭작물의 대부분의 조사에서 이뤄진다.

② 미보상비율: 아래 표와 같은 사유에 의해 보상해야 하는 손해(보험금 지급 대상 손해) 중 보상하지 않는 비율이다.

③ **예** 평년수확량 1,000kg, 조사수확량 700kg → 수확감소량 300kg → 보험금 지급 대상 손해 300kg

- 미보상비율 10%: (평년수확량 1,000kg-(조사)수확량 700kg)×미보상비율 10%=미보상감수량 30kg
- 수확감소량=평년수확량 1,000kg-(조사)수확량 700kg-미보상감수량 30kg=270kg

- 수확감소보장 피해율 $= \dfrac{평년수확량 - 수확량 - 미보상감수량}{평년수확량}$

2 미보상비율 적용 사유

① 제초상태, 병해충 상태, 기타의 세 가지로 나뉜다.

② 농작물 재해보험 미보상비율 적용표(감자, 고추 제외 전 품목)

구분	제초상태	병해충 상태	기타
해당 없음	0%	0%	0%
미흡	10% 미만	10% 미만	10% 미만
불량	20% 미만	20% 미만	20% 미만
매우 불량	20% 이상	20% 이상	20% 이상
※「농업재해보험·손해평가의 요령」부록(별표)로 실려있다.			

③ 감자, 고추 품목: 병해충을 보통약관에서 보상한다. 보상하는 재해이므로 미보상사유에 해당하지 않는다.

3 적용 기준

① 제초상태 및 병해충 상태
- 해당 없음: 잡초 또는 병해충이 농지 면적의 20% 미만으로 분포한 경우
- 미흡: 잡초 또는 병해충이 농지 면적의 20% 이상 40% 미만으로 분포한 경우
- 불량: 잡초 또는 병해충이 농지 면적의 40% 이상 60% 미만으로 분포한 경우
- 매우 불량: 잡초 또는 병해충이 농지 면적의 60% 이상으로 분포한 경우

② 기타: 영농기술 부족, 영농 상 실수 및 단순 생리장애 등 보상하는 손해 이외의 사유로 피해가 발생한 것으로 추정되는 경우
- 해당 없음 : 위 사유로 인한 피해가 없는 것으로 판단되는 경우
- 미흡 : 위 사유로 인한 피해가 10% 미만으로 판단되는 경우
- 불량 : 위 사유로 인한 피해가 20% 미만으로 판단되는 경우
- 매우 불량 : 위 사유로 인한 피해가 20% 이상으로 판단되는 경우

2 기타 조사

① 종합위험 생산비보장: 경과비율 산출을 위한 일자 조사, 손해정도비율 조사 등

② 비가림·해가림·원예시설 손해조사 등

③ 종합위험 수확감소보장방식 과수: 과중 조사

각 보장방식의 이해

i. 적과전 종합위험보장 Ⅱ

1 적과전 종합위험보장Ⅱ의 특징 – 과수 4품목. 사과·배, 단감·떫은 감

1 적과 종료 시점을 기준으로 보상하는 재해와 보상하지 않는 손해가 나뉜다.

① 보상하는 재해

적과 종료 이전	1. 종합위험
	2. 특정위험 5종 (특정위험 5종 한정보장 특별약관 가입 시): 태풍(강풍)·화재·지진·집중호우·우박
적과 종료 이후	1. 특정위험 7종 : 태풍(강풍)·화재·지진·집중호우·우박·일소·가을동상해
	2. 특정위험 5종 또는 6종 (일소·가을동상해 부보장 특별약관 가입 시): 태풍(강풍)·화재·지진·집중호우·우박·(일소 또는 가을동상해)

특정 위험	1. 태풍(강풍) : 기상청에서 태풍에 대한 기상특보(태풍주의보 또는 태풍경보)를 발령한 때 발령지역 바람과 비를 말하며, 최대순간풍속 14m/sec 이상의 바람을 포함. 바람의 세기는 과수원에서 가장 가까운 3개 기상관측소(기상청 설치 또는 기상청이 인증하고 실시간 관측자료를 확인할 수 있는 관측소)에 나타난 측정자료 중 가장 큰 수치의 자료로 판정

1. 태풍(강풍) : 기상청에서 태풍에 대한 기상특보(태풍주의보 또는 태풍경보)를 발령한 때 발령지역 바람과 비를 말하며, 최대순간풍속 14m/sec 이상의 바람을 포함. 바람의 세기는 과수원에서 가장 가까운 3개 기상관측소(기상청 설치 또는 기상청이 인증하고 실시간 관측자료를 확인할 수 있는 관측소)에 나타난 측정자료 중 가장 큰 수치의 자료로 판정

2. 우박 : 적란운과 봉우리적운 속에서 성장하는 얼음알갱이 또는 얼음덩어리가 내리는 현상

3. 집중호우 : 기상청에서 호우에 대한 기상특보(호우주의보 또는 호우경보)를 발령한 때 발령지역의 비 또는 농지에서 가장 가까운 3개소의 기상관측장비(기상청 설치 또는 기상청이 인증하고 실시간 관측자료를 확인할 수 있는 관측소)로 측정한 12시간 누적강수량이 80mm 이상인 강우 상태

4. 화재 : 화재로 인하여 발생하는 피해

5. 지진 : 지구 내부의 급격한 운동으로 지진파가 지표면까지 도달하여 지반이 흔들리는 자연지진을 말하며, 대한민국 기상청에서 규모 5.0 이상의 지진통보를 발표한 때. 지진통보에서 발표된 진앙이 과수원이 위치한 시군 또는 그 시군과 인접한 시군에 위치하는 경우에 피해를 인정

6. 가을동상해 : 서리 또는 기온의 하강으로 인하여 과실 또는 잎이 얼어서 생기는 피해를 말하며, 육안으로 판별 가능한 결빙 증상이 지속적으로 남아 있는 경우에 피해를 인정. 잎 피해는 단감, 떫은감 품목에 한하여 10월 31일까지 발생한 가을동상해로 나무의 전체 잎 중 50% 이상이 고사한 경우에 피해를 인정

7. 일소피해 : 폭염으로 인해 보험의 목적에 일소(日燒)가 발생하여 생긴 피해를 말하며, 일소는 과실이 태양광에 노출되어 과피 또는 과육이 괴사되어 검게 그을리거나 변색되는 현상. 폭염은 대한민국 기상청에서 폭염특보(폭염주의보 또는 폭염경보)를 발령한 때 과수원에서 가장 가까운 3개소의 기상관측장비(기상청 설치 또는 기상청이 인증하고 실시간 관측 자료를 확인할 수 있는 관측소)로 측정한 낮 최고기온이 연속 2일 이상 33℃ 이상으로 관측된 경우를 말하며, 폭염특보가 발령한 때부터 해제 한 날까지 일소가 발생한 보험의 목적에 한하여 보상. 이때 폭염특보는 과수원이 위치한 지역의 폭염특보를 적용

② 보상하지 않는 손해

- 기본 10종을 토대로 보험기간에 따라 나뉜다.
- 제4장. 기초 학습 내용-보상하지 않는 손해 및 [농업재해보험·손해평가의 이론과 실무] 등 참조

2 적과 종료 시점을 기준으로 보험금이 두 종류로 나뉜다.

① 적과 종료 이전: 착과감소보험금
② 적과 종료 이후: 과실손해보험금

✓ **포인트**

적과 종료 시점 (보험기간)
- 사과, 배: 판매개시연도 6/30을 초과할 수 없음
- 단감, 떫은 감: 판매개시연도 7/31을 초과할 수 없음

3 각 보험금의 산정 방식이 다른 복합 보장방식이다.

① 착과감소보험금
- '착과량'이 감소된 만큼, 즉 '착과감소량'을 산정하고 보상한다.
- 착과감소량=평년착과량-적과후착과량=(평년착과수-적과후착과수)×가입 과중
- 이 과수원에 올해 예상된 착과량(평년착과량)에서 적과 작업이 종료된 시점의 실제 착과량(적과후착과량)의 차이가 착과감소량이다.
- 착과감소량 발생의 경우의 수

적과 종료 시점 이전에 보상하는 재해가 발생한 경우	적과 종료 시점 이전에 보상하는 재해가 발생하지 않은 경우
• 보상하는 재해로 인한 착과량의 감소이므로 보험금 지급 대상 손해이다. • 착과감소량 = 보험금 지급 대상	• 올해 예상된 착과량(평년착과량)만큼 착과됐어야 하지만, 재해가 없는 상황에서 착과량이 감소했다면 보험 가입 시의 예상 착과량(평년착과량)이 실제보다 초과되었던 것이다. • 따라서, 평년착과량 100%인 가입수확량을 줄이고 보험가입금액을 감액한다. • 착과감소량 = 손해로 인한 보험금 지급 대상이 아닌 초과 가입한 양(가입수확량과 보험가입금액 감액의 대상) ※ 아래 (4) 기준수확량 참조 ※ 이 경우는 기본 과정에서 다루기로 한다.

✓ **포인트**

적과후착과수

통상적인 적과 및 자연 낙과 종료 시점의 나무에 달린 과실수

② 과실손해보험금

- 적과 종료 이후의 보상하는 재해(사고)로 인한 '과실 손해(감수과실수)'를 보상한다.
- 적과 종료 이후 보상하는 '재해(사고)가 발생할 때마다' 긱 시고에 의한 감수과실수를 조사한다.
- 각 보상하는 재해(사고)의 감수과실수를 누적하여 적과 종료 이후의 '누적감수량'을 산정하고 보상한다.
- 누적감수량=누적감수과실수×가입 과중

✓ 포인트

적과전 종합위험보장 II

1. 적과 종료 이전의 착과감소량 보상

- 수확감소보장의 수확감소량 보상과 유사한 방식
- 착과감소량(평년착과량-적과후착과량) vs. 수확감소량(평년수확량-(조사)수확량)

2. 적과 종료 이후의 누적감수량(과실손해) 보상

- 평년착과량 대비 감소량이 아닌 보상하는 재해(사고) 발생마다 직접 피해과실수를 조사하고 감수과실수를 계산하여 보상하는 것으로 종합위험 과실손해보장과 유사한 방식
- 누적감수과실수×가입 과중=누적감수량을 보상

4 평년수확량이 아닌 평년착과량이 중요하다.

종합위험 수확감소보장	• 평년수확량의 50%~100%를 가입수확량으로 결정 → 보험가입금액 산정 → 보험가입금액=(평년수확량의 50%~100%)×가입가격 • 평년수확량 대비 수확량의 감소를 보상 → 수확감소량(평년수확량-수확량)에서 미보상감수량을 차감해 피해율 산출 • $피해율 = \dfrac{평년수확량 - 수확량 - 미보상감수량}{평년수확량}$ • 피해율에서 자기부담비율을 차감해 보험가입금액 내에서 보험금 지급
적과전 종합위험보장 II 적과 종료 이전의 보험금 (착과감소보험금)	• 평년착과량의 100%를 가입수확량 결정 → 보험가입금액 산정 → 보험가입금액=평년수확량 100%×가입가격 • 평년착과량 대비 착과량의 감소를 보상 → 착과감소량(평년착과량-적과후착과량)에서 미보상감수량 및 자기부담감수량을 차감해 보험금 지급 → 피해율을 산출하지 않음 • (착과감소량-미보상감수량-자기부담감수량)을 보험가입금액 내에서 보상

5 평년착과량으로 가입하고 기준수확량으로 확정된다.

① 최근 5개년의 통계로 산출한 (해당 농지의 올해 예상 착과량인) 평년착과량의 100%만큼 보험 가입 연도에도 착과될 것으로 예상하고 가입한다. 가입수확량=평년착과량 100%

② 적과후착과수 작업 후에 비로소 가입 과수원의 보험 가입 연도의 실제 착과량이 결정된다. 적과후착과량=적과후착과수×가입 과중

③ 즉, 적과 종료 시점에 가입 과수원의 보험금 산정 및 보험가입금액 등에 있어 '기준이 되는' 착과수(기준착과수)가 결정된다.

> ✓ **포인트.**
>
> ### 적과전 종합위험보장Ⅱ의 특징
>
> - 일종의 가계약으로 가입하고 적과 종료 시점에 계약 조건이 확정되는 개념으로 이해하면 쉽다.
> - 과거 5년간의 내 과수원의 적과후착과량과 해당 지역의 표준수확량을 통해 보험 가입 시에 올해 내 과수원에 예상되는 평년착과량을 산출 → 산출된 평년착과량 100%=가입수확량으로 보험 가입 → 적과후착과수 조사 후 올해의 실제 착과량 확정 → 내 과수원의 올해 기준이 되는 수확량 확정 (기준착과수×가입과중=기준수확량) → 가입수확량, 보험가입금액, 보험료 등 확정
> - 아래 인수 관련 수확량 중 평년착과량 참조
> - 가입수확량, 보험가입금액의 감액 등은 기본 과정에서 다룬다.

6 기준수확량의 산정

① 기준수확량=기준착과수×가입 과중

② 계약체결일~적과 종료 시점의 기간에 보상하는 재해로 인한 사고 발생 여부에 따라 기준착과수가 달라진다.

③ 기준착과수

적과 종료 이전 사고 발생 ✕	적과 종료 이전 사고 발생 ○
기준착과수 = 적과후착과수	**기준착과수 = 적과후착과수 + 착과감소과실수**
1. 적과 종료 이전에 보상하는 재해로 인한 과실 피해가 없다. (착과감소과실수 ✕) 2. 적과 종료 시점에 착과되어 있는 과실수(적과후착과수)는 곧 가입 과수원의 올해의 계약 조건을 확정 짓는 기준착과수이다.	1. 적과 종료 이전에 보상하는 재해로 인한과실 피해가 있다. (착과감소과실수 ○) 2. 사고로 인해 발생한 착과감소과실수는 사고가 없었다면 여전히 착과되어 있을 과실수이다. 3. 적과 종료 시점에 착과되어 있는 과실수(적과후착과수)와 사고로 피해 본 과실수의 합계가 올해 가입 과수원의 계약 조건을 확정 짓는 기준착과수이다.

2 보험금 산정 – 착과감소보험금

1 착과감소보험금의 산정 방법

① 지급 사유: 적과전 사고로 인하여 착과감소량이 자기부담감수량을 초과하는 경우

② 보험금 산정식

> **보험금 = (착과감소량-미보상감수량-자기부담감수량) × 가입가격 × 착과감소보험금 보장수준 (50% 또는 70%)**
>
> (보상하는 재해에 의한 감소량 – 회사가 책임지지 않는 감수량 – 계약자가 부담하기로 한 비율만큼의 감수량) × 가입가격 × 착과감소보험금 보장수준

2 착과감소량의 산출

> ✓ 이하 내용은 적과전 종합위험 + 보상하는 재해가 발생한 경우를 기준으로 설명한다.

① 착과감소량의 산출

> 1. 착과감소량 = 착과감소과실수 × 가입 과중 = (평년착과수 – 적과후착과수) × 가입 과중 = 평년착과량 – 적과후착과량
> 2. 평년착과수 산출 방법 : 기본 과정에서 배운다.
> 3. 적과후착과수 산출 방법 : 조사대상주수 × 표본주당 착과수
>
> ✓ 제8장. 공통적인 조사 종류 및 산출 항목 – 착과수 조사 참조

② 착과감소량 산출 예시

[예 1] 착과감소량 산출하기
- 평년착과수 10,000개, 적과후착과수 8,000개, 가입 과중 300g
- 착과감소량 = (10,000 - 8,000) × 0.3 = 600kg

[예 2] 착과감소량 산출하기
- 평년착과수 15,000개, 가입 과중 300g
- 적과후착과수 조사 : 조사대상주수 80주, 표본주당 착과수 120개
- 착과감소량 = {15,000 - (80 × 120)} × 0.3 = 5,400 × 0.3 = 1,620kg

[예 3] 착과감소량 산출하기
- 평년착과수 12,000개, 가입 과중 200g
- 적과후착과수 조사 : 실제결과주수 100, 미보상주수 5, 고사주수 5, 표본주당 착과수 100개
- 적과후착과수 = (100 - 5 - 5) × 100 = 9,000개
- 착과감소량 = (12,000 - 9,000) × 0.2 = 600kg

3 미보상감수량의 산출

① 손해가 있었지만 보상하는 손해 이외의 원인으로 감소되어서 보험금 지급 대상에서 제외되는 감수량이다.

② 미보상감수량 = [1]미보상감수과실수 × 가입 과중
- [1]미보상감수과실수 = (착과감소과실수 × 미보상비율) + ([2]주당 평년착과수 × [3]미보상주수)

③ 미보상비율: 조건에 제시됨. 제8장. 공통적인 조사종류 및 산출 항목 - 기타 조사 참조

④ [2]주당 평년착과수 = 평년착과수 ÷ 실제결과주수

⑤ [3]미보상주수: 적과후착과수 조사 또는 그 이전의 피해사실확인조사 등에서 이뤄진 나무 조사에서 확인된 미보상주수

⑥ '착과감소과실수 중 보상하는 손해 이외의 원인으로 감소된 비율(미보상비율)만큼의 과실수+보상하는 손해 이외의 원인으로 수확량이 현저히 감소했거나, 수확불능이거나, 고사한 나무는 예상했던 만큼 착과된 것으로 산주'의 의미이다.

⑦ 미보상감수량 산출 예시

> **예]** 미보상감수량 산출하기. 적과전 보상하는 재해 발생
> - 평년착과수 10,000개, 적과후착과수 7,000개, 실제결과주수 100주, 미보상주수 10주, 미보상비율 10%, 가입 과중 250g
> - 미보상감수과실수 = (3,000 × 0.1) + (10 × 100) = 1,300개
> - 미보상감수량 = 1,300 × 0.25 = 325kg

4 자기부담감수량의 산출

① 자기부담감수량 = (기준착과수 × 자기부담비율) × 가입 과중
  - 자기부담비율: 위 제5장. 농작물 재해보험 보험가입금액, 보험료 및 보험금 산정의 기초 원리 중 자기부담비율 참조
  - '과수원의 보험가입금액 등의 기준이 되는 착과수에서 계약 당시 계약자가 부담하기로 한 비율(자기부담비율)만큼을 보험금 지급 대상인 감수량에서 차감'하는 의미이다.

② 자기부담감수량 산출하기

> **예 1]** 기준착과수 5,000개, 자기부담비율 10%, 가입 가중 300g
> - 자기부담감수량 = 5,000 × 0.1 × 0.3 = 150kg

> **예 2]** 적과전 보상하는 재해에 의한 사고 없음. 적과후착과수 7,000개
> - 자기부담비율 15%, 가입 과중 200g
> - 자기부담감수량 = 7,000 × 0.15 × 0.2 = 210kg
> - 기준착과수 = 적과후착과수

> **예 3]** 적과전 보상하는 재해에 의한 사고 있음
> - 적과후착과수 7,000개, 착과감소과실수 3,000개, 자기부담비율 20%, 가입 과중 300g
> - 자기부담감수량 = (7,000 + 3,000) × 0.2 × 0.3 = 600kg
> - 기준착과수 = 적과후착과수 + 착과감소과실수

5 착과감소보험금 보장 수준

① 계약할 때 계약자가 선택한 비율. 50%, 70%

② 착과감소보험금에만 적용되는 비율이다.

③ 최근 3년간 손해율이 적은 과수원에 보험금을 더 지급(×70%)하는 의미이다.

6 착과감소보험금 계산 문제 풀이 순서 (적과전 종합위험+보상하는 재해 발생의 경우)

가입 시점의 실제결과주수와 적과후착과수 조사 시점의 실제결과주수 일치 여부 비교

(유목, 제한품종이 가입 시점에 포함되었는지 확인)

^{1}주당 평년착과수·^{2}조사대상주수·^{3}표본주당 착과수 계산

→ 적과후착과수 및 미보상감수량 산출에서 쓰기 위함

적과후착과수 계산

^{2}조사대상주수×^{3}표본주당 착과수

착과감소량 계산

(평년착과수 − 적과후착과수)×가입 과중 = 착과감소과실수×가입 과중

^{4}미보상주수 확인 및 미보상감수량 계산

{(착과감소과실수×미보상비율)+(^{1}주당 평년착과수×^{4}미보상주수)}×가입 과중

기준수확량(기준착과수) 계산

(적과후착과수+착과감소과실수)×가입 과중

자기부담감수량 계산

(기준착과수×자기부담비율)×가입 과중

착과감소보험금 계산

(착과감소량 − 미보상감수량 − 자기부담감수량)×가입가격×착과감소보험금 보장수준

3 보험금 산정 – 과실손해보험금

1 과실손해보험금의 산정 방법

지급 사유: 적과 종료 이후 누적감수량이 자기부담감수량을 초과하는 경우

> 보험금 = (적과 종료 이후 누적감수량-자기부담감수량)×가입가격

2 적과 종료 이후의 누적 감수량의 산출 원칙

① 적과 종료 이후에 보상하는 재해가 발생할 때마다 '그 재해'로 인한 '과실의 피해'를 조사하고 감수과실수를 계산하여 합산한다.

② 보상하는 재해에 따라 인정되는 감수과실수가 다르다.
  - 태풍(강풍), 화재, 지진, 집중호우: 낙과감수과실수, 낙엽감수과실수(단감·떫은 감에 한함), 나무감수과실수
  - 우박, 일소: 착과감수과실수, 낙과감수과실수
  - 가을동상해: 착과감수과실수

✓ 포인트

감수과실수 계산

1. 사고 접수된 해당 재해에 의한 과실의 피해만 계산한다.
   ① 예 적과 종료 이후 보상하는 재해 여러 차례 발생한 경우
     - 1차: 8/10 일소로 인한 착과 피해
     - 2차: 8/30 집중호우로 인한 낙과 피해
       → 8/10 일소로 인한 착과 피해는 8/10 사고 조사(착과피해조사)에서 계산 및 착과감수과실수로 반영되었다.
       → 8/30 집중호우로 인한 낙과피해조사에서는 8/10에 발생한 착과감수과실수를 제외하고 8/30의 피해만 계산해야 한다.
   ② 이는 적과전 종합위험보장방식 Ⅱ에서 매우 중요한 개념이다. (maxA)
     - 8/30에 낙과된 과실은 8/10 사고로 착과피해를 입은 채 '착과 되어있다가' 이후 8/30에 낙과된 것이다.
     - 기본 과정에서 다루기로 한다.
2. 주계약(보통약관)의 보험의 목적은 과실이므로 보상하는 재해로 인해 나무가 피해를 입었더라도 나무 피해에 의한 과실의 피해만 계산한다.
   ① 보상하는 재해에 의해 나무가 죽은 경우(고사주수), 나무 자체의 피해는 나무손해보장 특별약관에 가입한 경우에 보험금 지급 대상이 된다.
   ② 나무손해보장 특별약관에서도 '고사주수' 이외의 피해는 보장대상이 아니다.

3 누적 감수량의 산출

① 누적감수량의 산출 1. 착과감수과실수 → 착과피해조사
- 착과 피해를 인정하는 재해: 우박·일소·가을동상해. 특정위험 7종의 다른 재해는 착과
  피해(착과감수과실수)를 인정하지 않는다.
- 산출식

착과수	• 조사대상주수×표본주당 착과수 • 조사대상주수＝실제결과주수－미보상주수－고사주수－수확불능주수－ 　[1]기수확주수
착과감수과실수	• 착과수×착과피해구성률 • 착과피해구성률 : 제8장. 공통적인 조사 종류 및 산출 항목 － 　피해구성조사 참조

- 착과수 계산: 위와 같은 방법 이외에도 '사고 당시 착과수'를 직접 계산해야 하는 경우도 있다.
- 적과 종료 이후에는 수확을 시작했을 수도 있으므로 조사대상주수 계산 시 [1]기수확주수를
  차감한다.

- 착과감수과실수 산출 예시

• **예** 9/1 일소(착과 피해 인정 재해), 이전 사고 없음 • 조사대상주수 200주, 표본주당 착과수 100개, 착과피해구성율 30%
착과감수과실수 ＝ (200×100)×0.3 ＝ 20,000×0.3 ＝ 6,000개

② 누적 감수량의 산출 2. 낙과감수과실수 → 낙과피해조사
- 낙과 피해를 인정하는 재해: 태풍(강풍)·화재·지진·집중호우 + 우박·일소. 특정위험
  7종 중 가을동상해는 낙과 피해(낙과감수과실수)를 인정하지 않는다.

- 산출식

낙과수	• 표본조사 : 조사대상주수 × 표본주당 낙과수 　조사대상주수 = 실제결과주수 − 미보상주수 − 고사주수 − 　수확불능주수 − 기수확주수 • 전수조사 : 문제에 직접 주어진다. **예** 총 낙과수 2,000개
낙과감수과실수	낙과수 × 낙과피해구성률

- 적과전 종합위험보장 Ⅱ 의 낙과피해조사는 전수조사가 원칙이다.
  (종합위험 수확감소보장방식 과수의 낙과피해조사는 표본조사가 원칙)

- 사과, 배 품목의 '태풍(강풍)·화재·지진·집중호우'로 인한 낙과 피해 : × 1.07을 적용한다.
  (단감, 떫은 감은 적용하지 않음)

✓낙과감수과실수의 7%를 이번 사고로 인한 추후 잠재적인 피해로 더 인정하는 개념이다.
  → 넓은 범위의 착과 손해의 인정이다.

- 낙과피해구성률: 착과피해구성률과 산출 방법이 동일하다.
  - 낙과피해조사: 낙과수 조사 → 낙과수 중 표본과실 추출(낙과 중 100개 이상) →
    '과실 분류에 따른 피해인정계수'에 따라 표본과실 분류 → 낙과피해구성율 산출
  - 낙과수 전수조사: 과수원 내 전체 낙과 조사
  - 낙과수 표본조사: 조사대상주수를 기준으로 표본주수 산정 및 표본주 선정 →
    표본주 수관면적 내의 낙과수 조사

- 낙과감수과실수 산출 예시

- **예** 사과. 8/30 태풍 (낙과 피해 인정 재해). 이전 사고 없음. 표본조사
- 조사대상주수 100주, 표본주당 낙과수 50개, 낙과피해구성율 70%

낙과감수과실수 = (100 × 50) × 0.7 × 1.07 = 5,000 × 0.7 × 1.07 = 3,745개

- 100주에서 주당 50개의 과실이 낙과되어 총 낙과수는 5,000개
- 이 중 8/30 태풍 사고로 인한 낙과감수과실수는 낙과수의 70%인 3,500개
- 낙과감수과실수의 7%인 245개를 착과 손해로 추가 인정(착과감수과실수를 별도로 산정하지 않음)
- 5,000개가 8/30 태풍으로 낙과 피해를 입었지만 그 중 보험금 지급 대상 낙과감수과실수는 3,745개이다.

③ 누적감수량의 산출 3. 낙엽피해감수과실수 → 낙엽피해조사(낙엽률)

인정하는 품목	단감, 떫은 감
인정하는 재해	태풍(강풍), 화재, 지진, 집중호우

- 사과, 배 품목은 낙엽 손해를 인정하지 않는다.
- 특정위험 7종 중 다른 재해는 낙엽 손해(낙엽감수과실수)를 인정하지 않는다.

✓ 포인트

낙엽 손해

- 단감·떫은 감 품목은 잎의 개수가 과실에 미치는 영향이 크므로, 재해로 인해 낙엽 피해가 발생하면 추후의 잠재적인 과실의 피해를 인정하는 개념이다.
- 현재 착과되어 있는 과실에 잎 피해로 인한 추후의 잠재적 피해를 인정하는 것으로, 넓은 범위의 착과 손해이다.
- 6/1 이후 '태풍(강풍), 화재, 지진, 집중호우'로 인한 잎 피해만 인정한다.

- 산출식

낙엽률 조사	조사대상주수 기준 → 표본주수 산정 및 표본주 선정 → 표본주의 동서남북 4곳의 결과지 선정 → 결과지별 낙엽수와 착엽수 조사
[5]낙엽률 계산	낙엽수 ÷ (낙엽수 + 착엽수)
[2]낙엽률에 따른 인정피해율 계산	① 단감 : (1.0115 × [5]낙엽률) − (0.0014 × [1]경과일수) ② 떫은 감 : (0.9662 × [5]낙엽률) − 0.0703
낙엽감수과실수	[3]착과수 × [2]낙엽률에 따른 인정피해율

- [1]경과일수 : 6/1부터 낙엽피해 발생일(사고 일자)까지 경과된 일수. 떫은 감은 적용하지 않는다.
- [2]낙엽률에 따른 인정피해율 : 넓은 의미의 착과피해구성율이다. 따라서 [3]착과수에 적용한다.
- [3]착과수 계산 : 조사대상주수 × 표본주당 착과수. 이와 같은 방법 이외에도 '사고 당시 착과수'를 직접 계산해야 하는 경우도 있다.

- 낙엽피해감수과실수 산출 예시

> - **예** 9/12 집중호우 (낙엽피해 인정 재해). 이전 사고 없음.
> - 품목 단감, 사고 당시 착과수 1,000개. 낙엽수 100개, 착엽수 100개, 경과일수 100일. 미보상비율 10%
>
> 1. 낙엽률 = 100 ÷ 200 = 50%
> 2. 낙엽률에 따른 인정피해율 = (1.0115 × 0.5) − (0.0014 × 100) = 36.58% (소수점 셋째 자리 반올림)
> 3. 낙엽감수과실수 = 1,000 × 0.3658 = 366개 (소수점 첫째 자리에서 반올림)
>
> - 재해로 인해 50%의 잎 피해(낙엽률)가 발생하여 추후 과실 피해도 예상된다.
> - 50%는 단순한 낙엽 피해이며, 낙엽 피해로 인해 과실에 인정되는 피해율(낙엽인정피해율)인 36.58%만큼이 보험금 지급 대상이다.

④ 누적 감수량의 산출 4. 나무감수과실수

- 나무피해를 인정하는 재해: 태풍(강풍), 화재, 지진, 집중호우
- 적과 종료 이후의 나무피해 주수: 고사주수, 수확불능주수, 일부침수주수
- 구체적인 피해의 유형은 다음과 같다.

침수 이외의 피해	유실, 매몰, 도복, 절단, 소실
침수 피해	• 침수 : 나무의 일부가 침수된 피해 = 일부침수주수 • 일부침수주수 : 이번 침수 사고로 고사되거나 수확불능인 나무를 제외한 나무. 즉, 침수 피해를 입었으나 살아있고 수확도 가능한 나무이다.

- 나무감수과실수
  - 나무피해로 인한 과실의 피해를 보장하는 것이 목적이다.
  - 나무 자체를 보상하는 나무손해보장 특별약관과 구별해야 한다.
  - 나무로 인한 피해 과실은 100% 피해형 과실로 분류한다. (과실 분류에 따른 피해인정계수 = 1.0)

- 산출식

고사주수, 수확불능주수	(고사주수＋수확불능주수)×무피해나무 1주당 착과수×100%
	• 피해가 없는 나무(무피해나무)에 착과되어 있는 과실수만큼 피해를 입은 것으로 간주한다. 무피해나무 1주당 착과수
일부침수주수	일부침수주수×일부침수나무 1주당 '침수'착과수×100%
	• 나무 일부가 침수된 나무에서 침수된 과실수만큼 피해를 입은 것으로 본다. 일부침수나무 주당 '침수'착과수

- 나무피해감수과실수 산출 예시

> **예** 9/30 태풍 (나무피해 인정 재해). 이전 사고 없음
> - 도복고사 10주, 절단 수확불능 10주, 무피해나무 주당착과수 100개
> - 나무감수과실수＝(10＋10)×100×1＝2,000개
>
> **예** 9/30 집중호우 (나무피해 인정 재해). 이전 사고 없음
> - 일부침수주수 20주, 일부침수주수 침수착과수 50개
> - 나무감수과실수＝20×50×1＝1,000개

4 적과 종료 이후의 자기부담감수량

① 자기부담감수량

자기부담감수량＝(기준착과수×자기부담비율)×가입 과중
적과 종료 이전의 착과감소량이 존재하는 경우

- 자기부담감수량＝자기부담감수량－(착과감소량－적과 종료 이전 미보상감수량) > 0kg

- 자기부담감수량－착과감소량＋적과 종료 이전 미보상감수량
   ＝(자기부담감수량＋적과 종료 이전 미보상감수량)－착과감소량
   ＝계약자가 책임지는 감수량－보험금 지급 대상인 착과감소량

- 위 결과값이 0kg보다 큰 경우만 적과 종료 이후 계약자가 책임지는 자기부담감수량이 존재한다.
   계약자 책임 감수량－착과감소량 > 0kg
   ＝계약자 책임 감수량 > 착과감소량

- 이 경우에만 과실손해보험금에서의 자기부담감수량이 발생한다. 만일, 0kg보다 적은 경우는 이미 착과감소보험금에서 계약자가 책임질 감수량이 다 소진되었음을 의미한다.

- 적과전 종합위험보장Ⅱ은 두 개의 보험금으로 구성되지만, 계약은 하나이다. 따라서 계약자가 부담하는 자기부담감수량은 계약 기간 내 [(기준착과수×자기부담비율)×가입과중]을 초과하지 않는다.

- 1계약＝1자기부담감수량.

- 예 이 계약의 자기부담감수량＝100kg
  → 착과감소보험금 자기부담감수량＋과실손해보험금 자기부담감수량 ≤ 100kg

② 적과 종료 이후의 자기부담감수량 산출 예시

- 예 기준착과수 15,000개, 가입과중 200g, 자기부담비율 20%

- 자기부담감수량＝(15,000×0.2)×0.2＝600kg → 이 계약의 자기부담감수량 총한도 600kg

- 착과감소량 500kg, 적과 종료 전 미보상감수량 100kg
  → 과실손해보험 자기부담감수량＝600－(500－100)＝200kg 적용. 200kg ＜ 600kg (한도 내)

- 착과감소보험금 단계에서 자기부담감수량 400kg 차감되었음을 의미한다.

4 보험금 산정 – 나무손해보장 보험금 (특별약관 가입 시에만 해당)

1 보상하는 재해

① 종합위험＝자연재해＋조수해＋화재
② 나무가 보상하는 재해로 고사한 경우만 피해로 인정한다.

2 지급 사유: 보상하는 재해로 나무에 발생한 피해율이 자기부담비율 (5% 고정)을 초과하는 경우

3 산출식

① 보험금=보험가입금액×(피해율-5%)

② 피해율=고사주수÷실제결과주수

> - **예** 실제결과주수 100주, 고사주수 20주, 수확불능주수 10주, 미보상주수 5주
> - 보험가입금액 10,000,000원
>
> 1. 피해율 = 20 ÷ 100 = 20%
> 2. 보험금 = 10,000,000 × (0.2 − 0.05) = 1,500,000원

4 보험가입금액=가입 주수×가입 가격

> ✓ **포인트**
>
> **나무손해보장 특별약관 보험금**
>
> 보장방식과 관계없이 본 특약에 가입할 수 있는 품목의 나무손해보장 보험금 산정 방법은 동일하다.

ii. 종합위험 수확감소보장 과수

1 종합위험 수확감소보장 과수의 특징

1 대상 품목. 수확량 산출 방법에 따른 분류

① 포도, 복숭아, 자두, 감귤(만감류)

② 기타 과수: 밤, 참다래, 대추, 매실, 오미자, 유자, 살구, 호두

2 약관에 따른 분류

과수	종합위험 수확감소보장	① 복숭아, 자두, 감귤(만감류) ② 밤, 매실, 오미자, 유자, 호두, 살구
	종합위험 비가림 과수손해보장	포도, 대추, 참다래

3 보험의 목적

① 종합위험 수확감소보장방식: 과실

② 비가림과수 손해보장방식: 과실과 비가림시설 모두 보장

③ 특별약관 보험의 목적: 나무손해보장 특별약관 – 나무

4 보상하는 재해, 보상하지 않는 손해

보상하는 재해
① 과실 : 종합위험. 자연재해 + 조수해 + 화재
② 나무손해보장 특별약관 : 종합위험. 자연재해 + 조수해 + 화재
• 포도, 참다래, 대추 : 비가림시설 – 화재 (특약으로 보장) • 복숭아 : 병충해 – 세균구멍병 보장
보상하지 않는 손해
제4장. 기초 학습 내용 – 보상하지 않는 손해 및 [농업재해보험 · 손해평가의 이론과 실무] 등 참조

2 보험금 산정의 기본 원리

> ✓ **포인트**
>
> **수확감소보장방식의 기본 원리**
> • 수확감소보장 과수, 논작물, 밭작물이 모두 동일하다.
> • 차이점은 '수확량의 산출 방식'이다.
> • 피해율 및 보험금 산정의 기본 원리는 동일하므로 과수에서만 다루기로 한다.

① 수확감소보장: 평년수확량 대비 수확량의 감소를 보장한다.

② 수확량의 감소: 평년수확량-(수확량+미보상감수량)

③ $\text{피해율} = \dfrac{\text{평년수확량} - (\text{수확량} + \text{미보상감수량})}{\text{평년수확량}}$

④ 보험금: 보험가입금액×(피해율-자기부담비율)

⑤ 보험금 지급 사유: 평년수확량 대비 자기부담비율을 초과한 수확량의 감소가 있을 때(피해율이 자기부담비율을 초과할 때)

1. 수확량의 산출이 key이다.
   - 수확량 산출 → 피해율 산출 → 보험금 산정
2. 계약자의 부담: [1]자기부담비율과 [2]미보상감수량
   - 피해율에서 [1]자기부담비율을 차감한 만큼만 피해로 인정한다.
   - [2]보상하는 재해 이외의 원인에 의한 수확량의 감소는 수확량 감소로 인정하지 않는다.

3 보험금 산정 – 포도, 복숭아, 자두, 감귤(만감류)

1 수확량 산출 방법 1- (수확 전) 착과수 조사

보상하는 재해로 인한 피해 발생 여부와 관계없이 계약 농지 전건에 착과수 조사

착과수 조사
① 사고 여부 상관없이 계약 농지 전건+최초 수확 품종 수확기 직전에 조사(만감류는 적과 종료 이후)
② 표본조사 방법으로 과수원의 착과수(조사 시점에 열려있는 과실)를 조사
③ 착과수=품종별·수령별 조사대상주수×표본주당 착과수 　• 조사대상주수=실제결과주수-미보상주수-고사주수 (수확 개시 이전이므로 기수확주수는 없음)

2 수확량 산출 방법 2 -보상하는 재해가 발생하지 않은 경우

① 보상하는 재해(사고)가 발생하지 않았으므로 피해율 및 보험금을 산정할 이유가 없고 당연히 '수확량조사'는 하지 않는다. 따라서, 해당 연도 이 농지의 '실제수확량(조사수확량)'은 알 수 없다.

② 그럼에도 이후의 이 농지의 평년수확량 산출을 위해 해당 연도의 수확량이 필요하다.
   - 평년수확량: 직전 5년 중 보험에 가입한 연도의 '실제수확량(조사수확량)'과 표준수확량으로 산출

- 평년수확량 산출 항목 중 A값: '과거수확량 평균'=직전 5년 중 가입한 연도의 '과거수확량(a)들의 평균값'
- 과거수확량≠실제수확량(조사수확량)

③ 과거수확량 산출 방법

- 유사고 연도의 과거수확량: 수확량조사를 통해 산출한 '조사수확량'과 평년수확량을 비교해 산출한다.
- 무사고 연도의 과거수확량: 아래와 같이 산출한다. 대다수 품목의 경우 자두 품목의 산출 방법과 같다.

포도, 복숭아, 만감류 과거수확량(a)
• 위 (1)의 착과수 조사를 통해 '조사한 착과수×평균 과중'을 수확량으로 한다.
• 해당 연도의 (과거)수확량=조사 착과수×평균 과중
자두 및 기타 과수의 과거수확량(a)
• 해당 연도 표준수확량과 평년수확량 중 큰 값의 110%를 수확량으로 한다.
• 해당 연도의 (과거)수확량=max(표준수확량, 평년수확량)×110%

3 수확량 산출 방법 3 -보상하는 재해가 발생한 경우

1. 의무조사인 (1)의 (수확 전) 착과수 조사를 통해 해당 과수원의 수확 직전의 착과량(수확할 수 있는 과실의 양)을 알 수 있다.

   ① 이후 보상하는 재해가 발생했으므로 피해로 인한 감수량이 있다. (감수과실수 산출)

   ② 수확량은 '수확할 수 있는 과실의 양 - 이후 피해 본 과실의 양'이다.
   - 수확량 = (수확 전) 착과량 - 사고당 감수량 합계
     ✓ 수확 전 착과량을 기준으로 감수량을 차감하여 해당 과수원의 수확량을 산출한다.

   ③ 즉, '(수확 전) 착과량'이 산출되어 있지 않다면, 이후 사고 발생으로 인한 '감수량'을 차감할 대상이 없으므로 수확량을 산출할 수 없다.
   - (수확 전) 착과수 조사를 사고 여부에 관계없이 실시하는 이유이다.

2. (수확 전) 착과수 조사를 위한 나무 조사에서 미보상주수가 조사된 경우 :

   ① 미보상주수는 착과수 조사대상이 아니다. (조사대상주수 = 실 - 미 - 고)

   ② 미보상주수에 열린 과실(착과수)은 계약자가 수확하는 것으로 간주한다. 즉, 수확량에 포함한다.

     ✓ 미보상주수는 착과수를 세지 않으므로 [1]주당 평년수확량 만큼 수확하는 것으로 한다.
       - [1]주당 평년수확량 = 평년수확량 ÷ 실제결과주수
       - 평년수확량 : 해당 농지에 그 해 예상되는 수확량
       - 즉, 미보상주수는 가입 당시 예상한 주당 수확량만큼 수확하는 것으로(피해가 없는 나무로) 하는 의미이다.

3. (수확 전) 착과량 산출 : 보상하는 재해가 발생한 경우 수확량의 기준인 착과량은 다음과 같다.

   ① [1]수확 직전 확인된 착과 과실 + [2]보상하는 손해 이외의 원인으로 수확량이 현저히 감소했거나 고사한 나무의 과실
     = [1]위에서 조사한 착과량 + [2]미보상주수의 수확량
     = [1](착과수 × 개당 과중) + [2](미보상주수 × 주당 평년수확량)

   ② 이를 '(수확 전) 착과량'이라 한다.

4. 감수량 산출 (아래 5. 보험금 산정 각 과정의 예시 참고)

　① 수확 개시 후 보상하는 재해가 발생했으므로 피해 과실의 양(감수량)을 산출해야 한다.

　② 피해의 종류는 착과 피해, 낙과 피해, 나무 피해가 있다.
　　＝감수량의 종류 : 착과감수량, 낙과감수량, 나무피해감수량
　　• 과실이 재해로 입을 수 있는 피해는 열린 상태에서의 피해(착과감수량), 낙과피해, 나무가 재해로 죽어서 생기는 과실 피해이다.

　③ 사고가 접수되면 착과피해조사, 낙과피해조사, 나무피해조사를 통해 감수량을 산출한다.

　④ 착과감수량과 낙과감수량의 산출방법은 적과전 종합위험보장 II 와 동일하다.
　　(감수과실수 → 감수량)

　⑤ 나무피해감수량 : 적과전 종합위험보장 II 와 다르다.
　　• 수확불능주수 및 (일부)침수주수 등을 인정하지 않는다.
　　• 고사주수(보상하는 재해로 죽은 나무)의 과실 피해만 인정한다.
　　• 피해인정계수는 1.0이다.

　⑥ 복숭아 병충해 감수량 : 세균구멍병을 보상하므로 병충해 감수량을 별도로 산정하여 보상한다.

5. 수확량 산출
　① 수확 전 착과수조사 전 피해사실이 인정된 경우 : 수확량＝착과량－사고당 감수량의 합
　② 수확 전 착과수조사 전 사고접수가 없거나 피해사실이 인정되지 않은 경우 :
　　수확량＝max(평년수확량, 착과량)－사고당 감수량의 합

4　보험금 산정 방법

1. 피해율 산출

$$\frac{평년수확량 - 수확량 - 미보상감수량}{평년수확량}$$

2. 보험금 산출.

　보험가입금액×(피해율－자기부담비율)

　＝[1](보험가입금액×피해율)－[2](보험가입금액×자기부담비율)

　＝[1]피해액(손해액)－[2]자기부담액

1 착과량 산출 예시 – 수확 전 착과수 조사

① **예1]** 수확 전 착과수가 주어진 경우

조건	• 실제결과주수 200주, 미보상주수 10주 확인 • 평년수확량 12,000kg • 수확 전 착과수 조사 : 착과수 10,000개 • 태풍피해 접수 • 과중 조사 500g/개
풀이	1. 착과량 = (10,000 × 0.5) + (10 × 60) = 5,600kg 2. 주당 평년수확량 = 12,000 ÷ 200 = 60kg

② **예2]** 수확 전 착과수가 표본조사 결과로 주어진 경우

조건	• 실제결과주수 200주, 미보상주수 10주, 고사주수 5주 확인 • 평년수확량 15,000kg • 태풍피해 접수 • 과중 조사 400g/개 • 표본주 착과수 합계 800개 (최소 표본주수 조사)
풀이	1. 조사대상주수 = 200 – 10 – 5 = 185주 2. 품목별 표본주수 표 → 표본주 8주 → 표본주당 착과수 = 800 ÷ 8 = 100개 → 착과수 = 185 × 100 = 18,500개 3. 착과량 = (18,500 × 0.4) + (10 × 75) = 8,150kg ✓ 이 과수원은 가입 당시 올해 15,000kg이 착과 될 것으로 예상되었지만, 실제 8,150kg이 착과 되었다.

2 감수량 산출

① 기본 원리: 감수량=착과감수량+낙과감수량+나무피해감수량

- 이 중 '해당 재해로 발생한 감수량'만 산출하면 된다.
- 수확 개시 이후의 시점이므로 기수확주수가 있다.
- 조사대상주수에서 기수확주수도 차감해야 한다.

② 착과감수량

- 착과감수량＝착과수 중 피해가 인정되는 과실수×과중＝[1]착과수×착과피해구성율×과중
- [1]착과수＝[2]조사대상주수×표본주당 착과수
- [2]조사대상주수＝실제결과주수－미보상주수－고사주수－기수확주수
- 수확불능주수는 적과전 종합위험보장 Ⅱ 에서만 인정한다.
- 이 때의 착과수는 수확 전 착과수 조사의 착과수와 다름에 주의한다. (착과피해를 입은 과실수)
- 사고가 접수되어 착과피해조사를 하고 '사고 당시의 착과수'와 착과피해구성율을 조사한다.

③ 낙과감수량

- 낙과감수량＝낙과수 중 피해가 인정되는 과실수×과중＝[1]낙과수×낙과피해구성율×과중
- [1]낙과수＝[2]조사대상주수×표본주당 낙과수 (표본조사)
- [2]조사대상주수＝실제결과주수－미보상주수－고사주수－기수확주수
- [1]낙과수: 전수조사의 경우 낙과수가 직접 주어진다. 예] 총 낙과수 500개

④ 나무감수량(고사주수 감수량)

- 나무피해감수량＝고사주수×[1]고사주수 1주당 추정 과실수×[2]피해구성율×과중
- [1]고사주수 1주당 추정 과실수: (주당) 고사분 과실수
- 보상하는 재해로 고사한 나무는 '(주당) 고사분 과실수'만큼 과실이 있는 것으로 추정한다. 직접 과실수를 세지 않는다. (조사대상주수 계산 시 제외)
  ✓ 적과전 종합위험보장 Ⅱ, 종합위험 수확감소보장 과수 - 기타 과수와 다르게 2024년에 피해주수에 '고사분과실수'를 적용하는 것으로 변경되었다.
- [2]착과·낙과피해구성율은 산출해야 하지만, 나무피해로 인한 과실은 100% 피해형으로 분류한다. (피해인정계수 1.0)
  ✓ 나무가 죽어서 생긴 과실의 피해를 보상하는 것이지, 나무 자체의 피해를 보장하는 것이 아님에 주의한다.
- 나무 자체의 피해는 나무손해보장특별약관 가입한 경우 보장된다.

3 감수량 산출 예시

① **예 1]** 수확 전 착과수 조사 이후의 보상하는 재해 발생

　태풍으로 인한 착과 피해 확인. 착과피해조사 실시

<table>
<tr><td rowspan="4">조
건</td><td>

• 과중 조사 500g/개

• 나무조사 : 실제결과주수 200주, 미보상주수 5주, 고사주수 10주, 기수확주수 20주 (고사주수는 착과수조사 이전의 고사주수)

• 착과피해조사(표본조사) 결과
 - 표본주당 착과수 30개
 - 착과피해구성

50% 피해형	80%	100%	정상
10개	5개	15개	10개

</td></tr>
</table>

풀이	
	1. 감수량＝착과＋낙과＋나무피해 감수량 → 착과피해만 조사됨 → 착과감수량만 산출

1. 감수량＝착과＋낙과＋나무피해 감수량 → 착과피해만 조사됨 → 착과감수량만 산출

• 고사주수가 있지만, 착과수 조사 이전의 고사주수 즉, 이번 사고와 관계없는 나무피해이므로 감수량을 산출하지 않는다.

2. 착과감수량＝착과수×착과피해구성율×과중

3. 착과수＝(200－5－10－20)×30＝4,950개

4. 착과피해구성율＝(10×0.5＋5×0.8＋1×15)÷40＝60%

5. 착과감수량＝4,950×0.6×0.5＝1,485kg

② **예2]** 수확 전 착과수 조사 이후의 보상하는 재해 발생

태풍으로 인한 착과, 낙과, 나무피해(고사) 확인. 착과피해조사 및 낙과피해조사 실시

<table>
<tr><td rowspan="7">조건</td><td colspan="4">

• 과중 조사 500g/개

• 나무 조사 : 실제결과주수 300주, 미보상주수 5주, 고사주수 10주 (고사주수 : 이번 사고로 인한 고사주수)

• 착과피해조사(표본조사) 결과 : 표본주당 착과수 100개, 착과피해구성율 30%

• 낙과피해조사(표본조사) 결과 : 표본주 낙과수 합계 900개 (최소 표본주수 조사)
 – 낙과피해구성
</td></tr>
<tr><td>정상</td><td>50% 피해형</td><td>80%</td><td>100%</td></tr>
<tr><td>20개</td><td>10개</td><td>0개</td><td>30개</td></tr>
<tr><td colspan="4">

• 미보상비율 20%

• 주당 고사분과실수 = 주당 '착과수 + 낙과수'로 한다.
</td></tr>
</table>

풀이

1. 감수량 = 착과 + 낙과 + 나무피해 감수량 → 전부 산출. 나무조사는 착과수 또는 낙과수 조사 단계에서 진행되므로 따로 할 필요가 없다.

2. 착과감수량 = 착과수 × 착과피해구성율 × 과중 = {(300 − 5 − 10) × 100} × 0.3 × 0.5 = 4,275kg

3. 낙과감수량 = {285 × [1](900 ÷ 9)} × [2]0.5833 × 0.5 = 8,312kg (소수점 이하 버림)
   • 조사대상주수 285주 → (품목별 표본주수 표) 표본주 [1]9주
   • [2]낙과피해구성율 = (5 + 0 + 30) ÷ 60 = 58.33%

4. 고사주수감수량 = 10 × [3](100 + 100) × 1 × 0.5 = 1,000kg
   • [3](주당 착과수 100 + 주당 낙과수 100)

5. Σ감수량 = 착과감수량 + 낙과감수량 + 나무피해감수량 = 4,275 + 8,312 + 1,000 = 13,587kg

4 미보상감수량 산출 예시

1. 미보상감수량 = (평년수확량 − 수확량) × 미보상비율

2. 예 평년수확량 1,000kg, 수확량 700kg, 미보상비율 10%
   - 미보상감수량 = (1,000 − 700) × 0.1 = 30kg

✓이 과수원의 올해 수확량은 700kg으로 조사되어 평년수확량 1,000kg 대비 300kg의
수확량감소가 있지만, 그 중 10%는 보상하는 손해 이외의 원인 즉, 회사가 책임지지 않는
이유로 감소(미보상감수량)한 것이다. 수확 감소량이 아닌 계약자가 수확한 것으로 간주한다.
즉, 수확량에 포함되는 개념이다.
- 위의 경우의 피해율 = (1,000 − 700 − 30) ÷ 1,000 = {1,000 − (700 + 30)} ÷ 1,000 = 27%
- 적과전 종합위험보장 II 를 제외하면 미보상감수량의 산출 방식은 동일하다.
- 미보상감수량은 본 내용에서만 다루기로 한다.

참고)

1. 기타 과수(밤, 참다래, 대추, 매실, 오미자, 유자, 살구, 호두 품목)의 수확량 산출
   - 포도, 복숭아, 자두, 만감류와 산정 방법이 다르다.
   - 농작물재해보험에 있어서 적과전 종합위험보장 II, 기타 과수의 보험금 산정, 시설 보험금
     산정이 가장 높은 난이도의 내용이다.

2. 포도, 복숭아, 자두, 만감류의 착과량과 감수량 산정의 조금 더 깊은 내용
   - 예 수확 개시 후 다중 사고 시 maxA 적용 등

3. 농업수입안정보장 포도 : 피해율 산출식만 다르고 나머지는 거의 동일하다.

4. 나무손해보장 특별약관의 보험금 산정은 적과전 종합위험보장 II 과 동일하다.

5. 수확량 감소 추가보장 특별약관의 보험금 산정

6. 비가림시설(해가림시설, 원예시설, 축사)의 보험금 산정

위의 내용은 기본 과정에서 학습한다.

iii. 종합위험 및 수확 전 종합위험 과실손해보장

1 과실손해보장의 특징

1 두 개의 보장방식으로 나뉜다.

종합위험 과실손해보장	오디, 감귤(온주밀감류), 두릅, 블루베리
수확 전 종합위험 과실손해보장	복분자, 무화과

2 보험금 산정 방식이 나뉜다.

오디, 복분자, 무화과, 두릅, 블루베리	보험금 = 보험가입금액 × (피해율 – 자기부담비율)
감귤(온주밀감류)	보험금 = 손해액 – 자기부담금

3 과실손해보장

① 적과전 종합위험보장 Ⅱ : 적과 종료 이후의 과실손해보험금

② 종합위험 및 수확 전 종합위험 과실손해보장

4 대상 품목의 특성으로 인해 과실의 수를 세거나 양을 측정할 수 없는 경우 또는 상황이 있다.

예 복분자, 오디, 수확 개시 후의 무화과 등

5 따라서 품목별로 조사 방법과 피해율 산출 방법이 다르다.

품목	조사
오디	결실수를 조사. 1m의 결실수를 기준으로 결실수의 감소를 보상
감귤 (온주밀감류)	• 보통약관(수확 전, 수확기)과 동상해(특별약관)의 각 기간에 피해과실수를 조사 • 보험금과 피해율의 종류가 많다. • 과실손해보험금, 동상해 과실손해보험금, 과실손해 추가보장보험금, 나무손해보장보험금
복분자	수확 전과 수확개시 후의 고사결과모지수를 조사
무화과	수확개시 전에는 수확량의 감소를 보상, 수확개시 후에는 결과지의 피해를 보상
블루베리	꽃 피해조사 실시 여부에 따라 피해율 산출 방법이 나뉨
두릅	피해 정아지를 조사

과실손해보장의 학습

위 (4)의 이유로 6개 품목별로 조사 방법이 다르고, 이에 따라 피해율 산출식이 모두 다르다. 품목의 특성을 이해하지 않으면 조사 방법과 피해율 산출에 있어 어렵게 느껴지므로, 기본과정에서 학습하는 것이 좋다.

2 수확 전 종합위험 과실손해보장 – 복분자, 무화과

1 특징

① 보험기간이 수확 개시 이전과 이후로 나뉜다.

② 보상하는 재해, 보상하지 않는 손해도 보험기간에 따라 수확 개시 이전과 이후로 나뉜다.

③ 복분자

수확 개시 이전	• 계약체결일 24시 ~ 이듬해 5/31
	• 보상하는 재해 : 자연재해, 조수해, 화재. 수확 전 종합위험
수확 개시 이후	• 이듬해 6/1 ~ 수확기 종료 시점 (6/20 초과 불가)
	• 보상하는 재해 : 태풍(강풍), 우박. 특정위험. 특정위험이므로 특정한 '담보조건'을 충족해야 한다.

④ 무화과

수확 개시 이전	• 계약체결일 24시 ~ 이듬해 7/31
	• 보상하는 재해 : 자연재해, 조수해, 화재. 수확 전 종합위험
수확 개시 이전	• 이듬해 8/1 ~ 수확기 종료 시점 (10/31 초과 불가)
	• 보상하는 재해 : 태풍(강풍), 우박. 특정위험. 특정위험이므로 특정한 '담보조건'을 충족해야 한다.

⑤ 수확 개시 이후의 특정위험 2종의 담보조건: 적과전 종합위험보장 Ⅱ와 동일하다.

2 복분자

① 경작불능보장이 있다. 과수 중 유일하게 경작불능보험금이 지급되는 품목이다.

② 경작불능보장

• 보험기간 내 보상하는 재해로 식물체 피해율이 65% 이상인 경우 지급한다.

• 지급 후 계약은 소멸하고, 환급보험료는 발생하지 않는다.

1 종합위험 수확감소보장 논작물, 밭작물의 특징

1 논작물의 보험의 목적

① 벼(조곡), 조사료용 벼, 밀, 보리, 귀리
② 이 중 조사료용 벼는 경작불능보장만 해당한다.
③ 보리는 농업수입안정보장의 대상 품목이기도 하다.

2 밭작물의 보험의 목적

① 양파, 양배추, 고구마, 마늘, 차, 감자(봄재배·가을재배·고랭지재배), 옥수수(사료용 옥수수 포함), 콩, 팥, 수박
② 이 중 콩, 고구마, 마늘, 양파, 양배추, 감자(가을재배), 옥수수는 농업수입안정보장의 대상 품목이기도 하다.
③ 농업수입안정보장은 일정한 지역에서만 실시되며, 수확감소보장과 농업수입안정보장 중 하나만 선택 가입할 수 있다.

3 수확감소보장으로 피해율과 보험금 산정 방법은 수확감소보장 과수와 동일하다.

피해율	$\dfrac{평년수확량 - 수확량 - 미보상감수량}{평년수확량}$
보험금	보험가입금액 × (피해율 - 자기부담비율)

• 보상하는 재해로 인한 수확량의 감소를 보장하므로 수확량 산출이 key이다.

4 수확감소보장 논작물, 밭작물과 과수의 차이점

수확감소보장 논작물, 밭작물	수확감소보장 과수
① 면적 기준(㎡)	① 나무 기준(주)
② 실제경작면적, 타작물 및 미보상면적, 수확불능면적(고사면적), 기수확면적	② 실제결과주수, 미보상주수, 고사주수, 기수확주수
③ 수확량조사 보상하는 재해로 인한 사고접수 시 손해가 반영된 후의 '유효한 작물의 중량'을 조사(예외. 옥수수)	③ 수확량조사 보상하는 재해로 인한 사고접수 시 손해로 인한 '피해 과실수(감수과실수)'를 조사
④ 보험금의 종류가 다양함 보통약관(주계약)에서 품목에 따라 보험금의 종류가 다양하다.	④ 특별약관의 종류가 다양함
⑤ 특별약관의 종류가 거의 없음	
⑥ 밭작물은 품목과 재배방식에 따라 수확감소보장, 농업수입안정보장, 생산비보장(노지 작물), 생산비보장(시설작물)로 가입	

5 보상하는 재해

보상하는 재해
① 종합위험. 자연재해, 조수해, 화재
② 논작물 중 벼(조곡) 종합위험 + 병해충 7종(특별약관) 　• 흰잎마름병, 벼멸구, 도열병, 줄무늬잎마름병, 깨씨무늬병, 먹노린재, 세균성벼알마름병
③ 밭작물 중 감자(봄재배·가을재배·고랭지재배) 종합위험 + 병해충(보통약관)

보상하지 않는 손해
제4장. 기초 학습 내용 – 보상하지 않는 손해 및 [농업재해보험 · 손해평가의 이론과 실무] 등 참조

2   보험금 산정의 기본 원리

수확감소보장의 기본 원리

- 과수, 논작물, 밭작물 모두 동일하다.
- 차이점은 수확량의 산출 방식이다.
- 피해율 및 보험금 산정의 기본 원리는 동일하므로, 각 보장방식의 이해-종합위험 수확감소보장 과수를 참조한다.
- 본 편에서는 논작물, 밭작물의 수확량 산출 방식을 설명한다.

1 평년수확량 대비 수확량의 감소를 보장한다.

① 수확감소량=평년수확량-수확량-미보상감수량=평년수확량-(수확량+미보상감수량)

② 수확량의 감소를 알기 위해서는 수확량 산출이 key이다.

2 논작물, 밭작물의 수확량조사

① '손해' 본 작물의 중량이 아닌, 보상하는 재해에 의한 수확량감소를 반영한 후의 '유효한 중량'을 조사한다.

② 수확량 산출을 위해서는 ㎡당 유효중량 산출이 key이다.

3 표본면적 ㎡당 유효중량(표본면적 ㎡당 수확량) 산출의 과정

---

1. 피해사실 확인조사

  ① 보상하는 재해로 인한 피해 여부 및 추가 조사(이앙·직파불능조사, 재이앙·재직파조사 / 재정식조사, 재파종조사 / 경작불능조사 및 수확량조사) 필요 여부 판단

  ② 추가 조사: 품목 및 보험금 지급 대상이 되는 손해에 따라 다양하다.

• 본 편에서는 밭작물 수확량조사의 주요 단계만 보기로 한다.

↓

---

2. 수확량조사 적기 판단

  ① 해당 품목이 숙기 등에 있어서 수확량을 조사해도 되는 적기인지 판단한다.

  ② 작물마다 '수확량조사 적기'가 정해져 있다.

    •  마늘: 잎과 줄기의 1/2 ~ 2/3가 황변하여 말랐을 때와 해당 지역의 통상 수확기가 도래한 때

$$\downarrow$$

3. 면적 확인

　① 논작물, 밭작물은 과수의 나무 조사와 같이 면적 조사가 기본이며 이번 수확량조사에서
　　 대상이 되는 면적(조사대상면적)을 산출한다.

　② 면적 : 실제경작면적, 타작물 및 미보상 면적, 수확불능(고사)면적, 기수확면적

　③ 조사대상면적 = 실제경작면적 – 수확불능(고사)면적 – 타작물 및 미보상 면적 – 기수확면적

$$\downarrow$$

4. 조사 방법 결정

　표본조사를 기본 원칙으로 한다. (전수조사의 경우도 있다)

$$\downarrow$$

5. 표본구간수 산정 및 표본구간 선정

　조사대상면적에 따라 품목별 표본구간수 표에 의해 표본구간수를 산정하고 위치를
　선정한다.

$$\downarrow$$

6. 표본구간의 면적 조사

　① 품목마다 면적 조사 방법이 정해져 있다.

　　·  콩 : 점파 – 이랑길이(4주 이상) 및 이랑폭 조사
　　　산파 – 규격의 원형(1㎡) 이용 또는 표본구간의 가로·세로 길이 조사

$$\downarrow$$

7. 표본구간의 수확량 조사

　① 표본구간에서 작물을 수확하여 유효한 중량을 조사한다.

　② 품목마다 조사 방법이 정해져 있다.

　　·  콩 : 표본구간 내 콩을 수확하여 꼬투리를 제거한 후 콩 종실의 무게 및 함수율(3회
　　　평균) 조사

$$\downarrow$$

8. 표본구간 수확량(유효중량) 산출

① 품목마다 '특정 항목 또는 (1 – 피해인정계수)'를 적용해 유효중량을 산출한다.

- **예** 콩 : 표본구간별 종실 중량에 1에서 '함수율'을 뺀 값을 곱한 후 다시 0.86을 나누어 산정한 중량의 합계

② 특정 항목 : 콩 – 함수율, 벼 – 함수율·loss율, 마늘 – 환산계수·비대추정지수, 양파 – 비대추정지수, 차 – 기수확지수·수확면적율, 감자 병충해 감수량 – 병충해 등급별 인정비율·손해정도비율 등

③ (1 – 피해인정계수) : 과수와 반대인 유효한 중량을 인정한다.

- **예** 양파 80% 피해형 작물 중량 5kg : $5 \times (1 - 0.8) = 5 \times 0.2 = 1kg$
- **예** 고구마 100% 피해형 작물 중량 10kg : $10 \times (1 - 1) = 10 \times 0 = 0kg$

9. 단위면적(m^2)당 표본구간 수확량(유효중량) 산출

① 표본구간의 수확량(유효중량)을 표본구간 면적합계로 나누어 m^2당 표본구간 수확량(유효중량)을 산출한다.

② m^2당 표본구간 수확량(유효중량)을 조사대상면적에 곱하면 조사대상면적에서 수확할 수 있는 작물 중량 (조사대상면적 수확량)이 산출된다.

4 수확량 산출 방법

① 위 (3)의 방법으로 m^2당 표본구간 수확량(유효중량)을 산출한다.

- **예 1]** (표본구간 수확량(유효중량) 산출을 위한 다른 적용 항목(예시. 함수율 등)은 없는 것으로 한다)

- 표본구간 : 총 6구간, 표본구간 면적 조사 : 이랑 길이 1m, 이랑 폭 50cm
- 표본구간 작물 중량 600g

표본구간 수확량(유효중량) $= 0.6 \div \{(1 \times 0.5) \times 6\} = 0.2kg/m^2$

- **예 2]** 고구마

- 표본구간 : 총 6구간, 표본구간 면적 조사 : 이랑 길이 1m, 이랑 폭 50cm

구분	정상	50% 피해형	80% 피해형	100% 피해형
중량	300g	400g	200g	100g

- 표본구간 작물 중량 : 합계 1kg

표본구간 수확량(유효중량) $= (0.3 + 0.4 \times 0.5 + 0.2 \times 0.2 + 0.1 \times 0) \div \{(1 \times 0.5) \times 6\} = 0.18kg/m^2$

표본구간 수확량(유효중량).

- 위의 **[예 2]**에서 '표본구간 수확량(유효중량)'의 의미를 알 수 있다.
- ×(1-피해인정계수)=유효 인정계수
- 50% 피해형 작물은 피해 50%·유효 50%, 80% 피해형은 피해 80%·유효 20%, 100% 피해형은 피해 100%·유효 0%이다.
- 유효한 중량이므로 분자에 정상 작물 중량도 적용한다.
- 계수의 적용이 과수와 반대임에 주의한다.
- [농업재해보험·손해평가의 이론과 실무]에는 논작물은 유효중량, 밭작물은 수확량의 용어로 표기되어 있지만, 같은 의미이다.

② 피해율에 적용되는 (최종) 수확량

- '조사대상면적'과 '타작물 및 미보상 면적+기수확면적' 각각의 수확량을 산출하여 합산한다.
- 수확량=조사대상면적의 수확량+기타미면적의 수확량
  =(조사대상면적×㎡당 표본구간 수확량)+{(타작물 및 미보상 면적+기수확면적)×㎡당 평년수확량}
- 가입 품목 이외의 품목이 식재된 면적(타작물 면적)+보상하는 재해 이외의 원인으로 수확량이 현저히 감소한 면적(미보상면적)+조사 일자를 기준으로 이미 수확이 완료된 면적 (기수확면적)은 보상하는 재해에 의한 피해가 없는 것으로 간주하여 ㎡당 평년수확량을 적용한다.
- 과수의 '미보상주수×주당 평년수확량' 적용과 같은 원리이다.

③ 수확량 산출 예시. (표본구간 수확량(유효중량) 산출을 위한 다른 적용 항목(예시. 함수율 등)은 없는 것으로 한다.

- 평년수확량 1,000kg, 실제경작면적 500㎡, 수확불능면적 0㎡, 타작물면적 50㎡, 미보상면적 50㎡, 기수확면적 100㎡
- 표본구간 총 5구간, 표본구간 면적조사 : 이랑 길이 1m, 이랑 폭 40cm
- 표본구간 작물 중량 1,400g

1. [1]조사대상면적 = 500 − 0 − 50 − 50 − 100 = 300㎡
2. [2]㎡당 평년수확량 = 1,000 ÷ 500 = 2kg/㎡
3. [3]타작물 + 미보상 + 기수확면적 = 200㎡
4. 표본구간 유효중량 = 1.4 ÷ {(1 × 0.4) × 5} = 0.7kg/㎡
5. 수확량 = [4](0.7 × [1]300) + [5]([2]2 × [3]200) = 610kg

✓ [4]'조사의 대상이 되는 면적'에는 (0.7 × 300)의 수확량이, [5]'회사가 담보하지 않는 면적'에는 (2 × 200)의 수확량이 산출된다. 모두 계약자의 수확량으로 본다. 이 농지는 1,000kg의 수확이 예상되었지만, 보상하는 재해 발생에 의해 610kg이 수확된다.

5 피해율 및 보험금 산정 방법

수확감소보장방식의 피해율은 동일하다. (예외 품목도 있다. 옥수수, 감자 등은 기본에서 학습한다.)

① 예 1]

- 보험가입금액 500만원, 평년수확량 10,000kg, 자기부담비율 10%
- 수확량 8,000kg, 미보상비율 20%

1. [1]미보상감수량 = (10,000 − 8,000) × 0.2 = 400kg
2. 피해율 = (10,000 − 8,000 − [1]400) ÷ 10,000 = 16%
3. 보험금 = 5,000,000 × (0.16 − 0.1) = 300,000원

② 예 2]

> • 보험가입금액 1,000만원, 평년수확량 5,000kg, 자기부담비율 15%
> • 실제경작면적 2,000㎡, 타작물 및 미보상면적 300㎡, 수확불능면적 100㎡
> • 표본구간 유효중량 1.5kg/㎡, 미보상비율 10%

1. 조사대상면적 = 2,000 − 300 − 100 = 1,600㎡
2. 1㎡당 평년수확량 = 5,000 ÷ 2,000 = 2.5kg
3. 수확량 = (1.5 × 1,600) + ([1]2.5 × [2]300) = 3,150kg
4. [3]미보상감수량 = (5,000 − 3,150) × 0.1 = 185kg
5. 피해율 = (5,000 − 3,150 − [3]185) ÷ 5,000 = 33.3%
6. 보험금 = 10,000,000 × (0.333 − 0.15) = 1,830,000원
   • [2]300㎡ = 타작물 및 미보상면적 + 기수확면적. 수확불능(고사)면적은 포함하지 않음에 주의한다.

참고)

1. 수확감소보장 논작물, 밭작물의 수확량

   • 논작물, 밭작물 모두 기본 원리가 동일하다.
   • 그러나 각 품목의 수확량조사 적기, 수확량조사·합계 방법, 표본구간의 면적 조사·합계 방법 등에 있어서 차이점이 있다. 그로 인해 품목에 따라 유효중량을 산출하기 위해 적용되는 항목들이 달라진다.

2. 경작불능보험금, 이앙·직파불능 보험금, 재이앙·재직파보험금, 재파종보험금, 재정식보험금, 수확불능보험금 등은 기본과정에서 학습한다.

<h3 style="text-align:center">v. 종합위험 농업수입안정보장</h3>

1 농업수입안정보장의 특징

1 보험의 목적(2025년 11회 기준)

① 밭작물: 콩, 고구마, 마늘, 양파, 양배추, 감자(가을재배), 옥수수

② 과수: 포도

③ 논작물: 보리

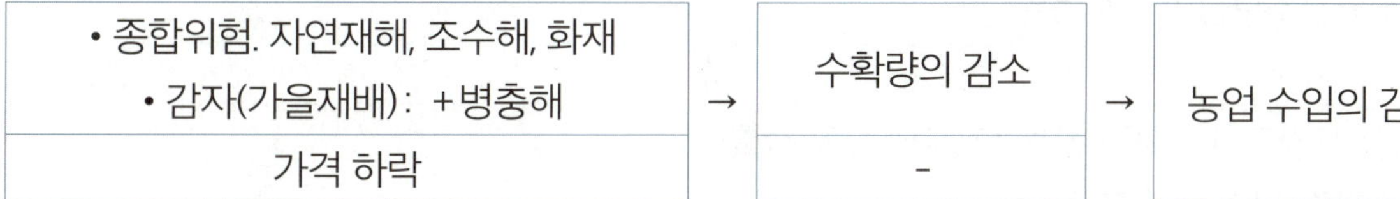

2 보상하는 재해, 보상하지 않는 손해

① 보상하는 재해와 가격하락

• 종합위험. 자연재해, 조수해, 화재 • 감자(가을재배) : +병충해	→	수확량의 감소	→	농업 수입의 감소
가격 하락		-		

② 보상하지 않는 손해

- 기본 10종을 토대로 인위적인 가격하락으로 인한 손해를 보상하지 않는 손해로 정하고 있다.

- 제4장. 기초 학습 내용-보상하지 않는 손해 및 [농업재해보험·손해평가의 이론과 실무] 등 참조

3 보장방식

수확량의 감소로 인한 농업수입의 감소와 가격하락으로 인한 농업수입의 감소를 모두 보장하는 방식이다.

4 수확감소보장방식과 피해율 산출식은 다르고, 보험금 산출식은 동일하다.

피해율	$\dfrac{기준수입 - 실제수입}{기준수입}$
보험금	보험가입금액×(피해율-자기부담비율)

① 기준수입과 실제수입을 산출하기 위해서는 기준가격, 수확기가격, 수확량이 필요하다.

기준수입	평년수확량×기준가격
실제수입	(조사수확량+미보상감수량)×min(기준가격, 수확기가격)

② 기준가격과 수확기가격은 제시되거나, 계산한다.
③ 농업수입안정보장에서도 수확량 산출이 key이며, 수확량 산출 방법은 수확감소보장과 동일하다.

> **참고)**
> 기초 입문 과정에서는 밭작물을 통해 농업수입안정보장의 기초 원리를 이해한다.

1. 피해사실 확인조사, 수확량조사
   - 수확감소보장방식과 동일

2. ㎡당 표본구간 수확량 산출, (조사)수확량 산출
   - 수확감소보장방식과 동일

3. 피해율 산출 $= \dfrac{\text{기준수입} - \text{실제수입}}{\text{기준수입}}$

   ① 기준수입 = 평년수확량 × 기준가격

   ② 실제수입 = [1](조사수확량 + 미보상감수량) × [2]min(기준가격, 수확기가격)

   ✓ 기준가격과 수확기가격은 조건에 제시되거나 직접 산출한다.
   - 기준수입은 평년수확량의 100%에 기준가격을 곱한다. 가입수확량이 아님에 주의한다.
   - 실제수입은 [1]'수확량 조사를 통해 산출한 (조사)수확량에 미보상감수량'을 합한 후, 기준가격과 수확기가격 중 [2]작은 값을 곱한다.
   - 즉, [1]'계약자가 수확하는 (할 것으로 간주하는) 수확량'에 기준가격과 수확기가격 중 [2]작은 값을 적용함으로써, 수확기의 가격이 하락된 경우 농가의 감소된 실제수입을 산출한다.

4. 보험금 산정 = 보험가입금액 × (피해율 − 자기부담비율)

3 피해율 및 보험금 산출 예시

1 예1]

- 평년수확량 1,000kg, 기준가격 1,500원/kg, 자기부담비율 20%
- 수확량 600kg, 수확기가격 1,000원/kg, 미보상비율 10%

> 1. 기준수입 = 1,000 × 1,500 = 1,500,000원
>
> 2. 실제수입 = (600 + [1]40) × min(1,500, 1,000) = 640,000원
>   - [1]미보상감수량 = (1,000 - 600) × 0.1 = 40kg
>
> 3. 피해율 = (1,500,000 - 640,000) ÷ 1,500,000 = 57.33% (소수점 셋째 자리 이하 버림)

2 예2]

> - 평년수확량 4,000kg, 기준가격 [1]2,000원/kg, 자기부담비율 20%
> - 수확량 3,000kg, 수확기가격 2,200원/kg, 미보상비율 10%
>
> 1. 기준수입 = 4,000 × 2,000 = 8,000,000원
>
> 2. 실제수입 = (3,000 + 100) × [1]2,000 = 6,200,000원
>   - 미보상감수량 = (4,000 - 3000) × 0.1 = 100kg
>
> 3. 피해율 = (8,000,000 - 6,200,000) ÷ 8,000,000 = 22.5%
>
> ✓ 가격 하락이 없을 수도 있다. 이 경우는 가격 하락이 아닌 수확량의 감소로 인해 실제수입이 감소한 것이다.

3 예3]

> - 보험가입금액 240만원. 평년수확량 2,000kg 실제경작면적 2,000㎡, 기준가격 1,200원/kg, 자기부담비율 20%
> - 타작물 및 미보상면적 200㎡, 수확불능면적 100㎡, 기수확면적 200㎡
> - 표본구간 수확량 0.6kg/㎡, 수확기가격 1,000원/kg, 미보상비율 없음
>
> 1. 기준수입 = 2,000 × 1,200 = 2,400,000원
>
> 2. 실제수입
>   ① 조사대상면적 = 2,000 - 200 - 100 - 200 = 1,500㎡
>   ② ㎡당 평년수확량 = 2,000 ÷ 2,000 = 1kg
>   ③ 수확량 = (0.6 × 1,500) + (1 × 400) = 1,300kg
>   ④ 미보상감수량 = 0kg
>   ⑤ 실제수입 = (1,300 + 0) × min(1,200, 1,000) = 1,300,000원
>
> 3. 피해율 = (2,400,000 - 1,300,000) ÷ 2,400,000 = 45.83% (소수점 셋째 자리 이하 버림)
>
> 4. 보험금 = 2,400,000 × (0.4583 - 0.2) = 619,920원

1 특정위험보장 인삼의 특징

> **참고)**
> • 작물과 시설을 모두 보험의 목적으로 하는 품목은 작물과 시설을 별개로 학습하는 것이 좋다.
> • 인삼 해가림시설은 시설 종합 편에서 학습한다.

1 보험의 목적(작물): 인삼 1품목이다.

① 가입 시기에 따라 1형과 2형으로 구분한다.

1형	인삼	판매개시연도 5월 1일~이듬해 4월 30일 24시(5월 1일 이후 가입 시 계약체결일 24시~) 단, 6년근은 판매개시연도 10월 31일 초과 불가
	해가림시설	상동
2형	인삼	판매개시연도 11월 1일~이듬해 10월 31일 24시(11월 1일 이후 가입 시 계약체결일 24시~)
	해가림시설	상동

② 인삼: 다른 품목과는 다르게 작기가 다년간 지속되는 특징이 있다.
   • 예 벼: 작기 1년 → 보험기간 1년, 인삼: 작기 3~6년 → 보험기간 1년
   • 위와 같이 다년간 경작되는 작물을 보험기간을 1년으로 하여 보장하므로 여러 가지 특징이 나타난다.
   • 아래 (3) 피해율, (4) 보험기간 내 2회 이상의 사고인 경우 참조
③ 작물(인삼)과 시설(해가림시설)을 모두 가입할 수 있다.

2 보상하는 재해, 보상하지 않는 손해

① 보상하는 재해

인삼	• 특정위험 8종. 태풍(강풍), 우박, 집중호우, 폭염, 침수, 화재, 폭설, 냉해 • 특정위험이므로 담보조건을 충족해야 인정된다.
해가림시설	종합위험. 자연재해, 조수해, 화재

<table>
<tr><td colspan="2" align="center">인삼 - 특정위험 8종</td></tr>
<tr><td>태풍
(강풍)</td><td>기상청에서 태풍에 대한 특보(태풍주의보, 태풍경보)를 발령한 때 해당 지역의 바람과 비 또는 최대순간풍속 14m/s 이상 강풍. 이때 강풍은 해당 지역에서 가장 가까운 3개 기상관측소(기상청 설치 또는 기상청이 인증하고 실시간 관측 자료를 확인할 수 있는 관측소)에 나타난 측정자료 중 가장 큰 수치의 자료로 판정</td></tr>
<tr><td>우박</td><td>적란운과 봉우리 적운 속에서 성장하는 얼음알갱이나 얼음덩이가 내려 발생하는 피해</td></tr>
<tr><td>집중
호우</td><td>기상청에서 호우에 대한 특보(호우주의보, 호우경보)를 발령한 때 해당 지역의 비 또는 해당 지역에서 가장 가까운 3개소의 기상관측장비(기상청 설치 또는 기상청이 인증하고 실시간 관측 자료를 확인할 수 있는 관측소)로 측정한 24시간 누적강수량이 80mm 이상인 강우 상태</td></tr>
<tr><td>폭염</td><td>해당 지역에 최고기온 30℃ 이상이 7일 이상 지속되는 상태를 말하며, 잎에 육안으로 판별 가능한 타들어간 증상이 50% 이상 있는 경우에 인정</td></tr>
<tr><td>침수</td><td>태풍, 집중호우 등으로 인하여 인삼 농지에 다량의 물(고랑 바닥으로부터 침수 높이가 최소 15cm 이상)이 유입되어 상면에 물이 잠긴 상태</td></tr>
<tr><td>화재</td><td>화재로 인하여 발생하는 피해</td></tr>
<tr><td>폭설</td><td>기상청에서 대설에 대한 특보(대설주의보, 대설경보)를 발령한 때 해당 지역의 눈 또는 24시간 신적설이 해당 지역에서 가장 가까운 3개 기상관측소(기상청 설치 또는 기상청이 인증하고 실시간 관측 자료를 확인할 수 있는 관측소)에 나타난 측정자료 중 가장 큰 수치의 자료가 5cm 이상인 상태</td></tr>
<tr><td>냉해</td><td>출아 및 전엽기(4~5월 한정) 중에 해당 지역에서 가장 가까운 3개소의 기상관측장비(기상청 설치 또는 기상청이 인증하고 실시간 관측 자료를 확인할 수 있는 관측소)에서 측정한 최저기온 0.5℃ 이하의 찬 기온으로 인하여 발생하는 피해를 말하며, 육안으로 판별 가능한 냉해 증상이 있는 경우에 피해를 인정

√ 4~5월 한정 : '한정'의 기재 여부는 2025 「농업재해보험·손해평가의 이론과 실무」를 확인한다.</td></tr>
</table>

② 보상하지 않는 손해

기본 10종을 토대로 인삼(작물)과 해가림시설의 보상하지 않는 손해가 함께 규정되어 있다.

3 수확감소보장으로 보장된다.

① 단, 평년수확량 대비 수확량의 감소가 아닌 연근별 기준수확량 대비 수확량의 감소를 보장한다. → 수확량감소의 기준. 연근별 기준수확량

가입 당시 연근 기준. kg/㎡

연근	2년근	3년근	4년근	5년근
불량	0.45	0.57	0.64	0.66
표준	0.50	0.64	0.71	0.73
우수	0.55	0.70	0.78	0.81

② 수확량의 감소에 피해면적의 비율을 적용한다.

③ $\text{피해율} = (1 - \dfrac{\text{수확량}}{\text{연근별 기준수확량}}) \times \dfrac{\text{피해면적}}{\text{재배면적}}$
$= \dfrac{\text{연근별 기준수확량} - \text{조사수확량} - \text{미보상감수량}}{\text{연근별 기준수확량}} \times \dfrac{\text{피해면적}}{\text{재배면적}}$

- 인삼 수확량=조사수확량+미보상감수량

④ 보험금=보험가입금액×(피해율-자기부담비율)

4 보험기간 내 2회 이상의 사고인 경우

① 농작물재해보험 공통: 보험기간 내 보험금은 '보험가입금액×(1-자기부담비율)'을 한도로 한다.

- **예** 보험가입금액 1,000만원, 자기부담비율 10%

계산된 보험금	최대 지급 한도	최종 지급보험금
1,000만원	1,000만원×(1-0.1)=900만원	900만원

② 인삼 2차 이상의 사고 시: 계산된 2차 사고의 보험금에서 기지급 보험금을 차감하고 지급한다.

기지급 보험금 총액	2차 사고 계산된 보험금	2차 사고 지급보험금
100만원	보험가입금액×(2차 사고 피해율-자기부담비율) =300만원	300-100=200만원

③ 즉, 인삼에 있어서 2차 이상 사고 시의 '보상한도'는 다음과 같다.
- 보상한도=보험가입금액-자기부담금-기지급보험금
- 예 보험가입금액 1,000만원, 자기부담비율 10%, 기지급보험금 총액 100만원
- 2차 사고의 보상한도=1,000만원-100만원-100만원=800만원
- 자기부담금=보험가입금액×자기부담비율

④ 기지급 보험금을 차감하고 지급하는 것과 위의 보상한도는 모두 보험금 지급 한도인 '보험가입금액×(1-자기부담비율)'를 초과하지 않기 위해서이다.

✓ 포인트

보험기간 내 다중 사고인 경우

1. 인삼: 위와 같이 계산된 각 사고의 보험금에서 기지급 보험금 총액을 차감하여 지급한다.
   - 2차 이상의 사고 보험금 계산 시에도 '계약 당시의 보험가입금액×(각 사고에서 계산된 피해율-자기부담비율)'로 보험금을 계산 후 계산된 보험금에서 기지급 보험금 총액을 차감하여 지급
   - 인삼의 이런한 방식은 여러 논란을 야기하고 있지만, 수험생의 입장에서는 「농업재해보험·손해평가의 요령」대로 학습하면 된다.
2. 생산비보장 (노지) 밭작물 고추, 브로콜리: 2차 이상의 사고 시 계약 당시 보험가입금액에서 기지급 보험금 총액을 차감한 '잔존보험가입금액×(피해율-자기부담비율)'로 보험금을 계산한다.

2 보험금 산정을 위한 과정

✓ 포인트

인삼 수확량조사

- 수확감소보장이므로 보험사고가 발생하면 수확량조사를 실시한다.
- 조사방법은 표본조사와 전수조사가 있다. 아래는 전수조사를 통한 예시이다.

---

1. 피해사실 확인조사
- 보상하는 재해로 인한 피해 여부 확인 및 추가 조사(수확량조사) 필요 여부 판단

2. 수확량조사 대상 농지 확인 및 조사 적기 판단
- 보싱하는 재해 여부 심사
- 수확량조사 적기 판단 및 시기 결정 : 모든 수확량조사는 적기 판단이 필요하다.

3. 전체 칸수 및 칸 넓이 조사

① 칸 넓이=지주목 간격×(두둑 폭+고랑 폭)

-  지주목 간격 1m, 두둑 폭 70cm, 고랑 폭 20cm → 칸 넓이=1×(0.7+0.2)=0.9㎡

② 밭작물은 면적(㎡)이 중요하다.

- 인삼은 해가림시설로 재배되며, 해가림시설의 칸수와 칸 넓이를 조사한 후 면적(㎡)으로 환산한다.
-  칸 넓이 3㎡, 칸수 100칸 → 면적=3×100=300㎡

---

4. 조사 방법에 따른 수확량 확인: 전수조사 또는 표본조사

- 피해 칸을 수확한 경우 [1]전수조사, 수확하지 않은 경우 [2]표본조사로 한다.

---

5. (조사)수확량 산출

① 인삼은 ㎡당으로 수확량으로 산출한다. (연근별 기준수확량: kg/㎡)

② 전수조사: ㎡당 조사수확량=총 조사수확량÷[1]금차 수확 면적

③ ㎡당 수확량에는 ㎡당 미보상감수량이 포함된다.

- 수확량=(조사)수확량+미보상감수량
- 보상하는 재해 이외의 원인으로 감소한 양은 계약자의 수확량으로 간주한다.

---

6. 피해면적비율(면적피해율) 산출

① 피해면적비율=피해면적÷재배면적

② 전수조사의 경우 용어는 '수확 면적' 또는 '수확 칸'이지만, 보상하는 재해로 피해를 입었으므로 수확량조사를 실시하는 '피해 본 면적(칸)'이다. 따라서 수확 면적(칸)은 피해면적이다.

√ 단어가 아닌 그 뜻을 생각해야 한다.

---

7. 피해율 산출

$$피해율 = \left(1 - \frac{수확량}{연근별\ 기준수확량}\right) \times \frac{피해면적}{재배면적}$$

$$= \frac{연근별\ 기준수확량 - 조사수확량 - 미보상감수량}{연근별\ 기준수확량} \times \frac{피해면적}{재배면적}$$

- 연근별 기준수확량 대비 수확량의 감소로 인한 손해 비율에 (피해)면적 비율을 곱하는 것이다.

---

8. 보험금=보험가입금액×(피해율-자기부담비율)

3 수확량 및 피해율 산출 예시

① 예 1]

- 실제경작칸수 100칸, [1]기준수확량 0.7kg/㎡
- 금번 수확칸수 20칸, 지주목 간격 1.5m, 두둑 폭 1m, 고랑 폭 20cm
- 조사수확량 0.4kg/㎡, 미보상비율 10%

1. 칸 넓이 = 1.5 × (1.0 + 0.2) = 1.8㎡

2. [4]재배면적 = 100 × 1.8 = 180㎡

3. [3]피해면적(금번 수확면적) = 20 × 1.8 = 36㎡

4. 미보상감수량 = (0.7 - 0.4) × 0.1 = 0.03kg/㎡

5. [2]수확량 = 조사수확량 + 미보상감수량 = 0.4 + 0.03 = 0.43kg/㎡

6. 피해율 = {([1]0.7 - [2]0.43) ÷ [1]0.7} × ([3]36 ÷ [4]180) = 7.71% (소수점 셋째 자리 이하 버림)

② 예 2]

- 실제경작칸수 500칸, 기준수확량 0.6kg/㎡
- 금번 수확칸수 120칸, 칸 넓이 2㎡, 수확 칸 인삼 중량 100kg, 미보상비율 10%

이하 공통 조건 : 소수점 셋째 자리에서 반올림

1. 재배면적 = 500 × 2 = 1,000㎡

2. 피해면적(금번 수확면적) = 120 × 2 = 240㎡

3. 조사수확량 = 100 ÷ 240 = 0.42kg/㎡

4. 미보상감수량 = (0.6 - 0.42) × 0.1 = 0.02kg/㎡

5. 수확량 = 0.42 + 0.02 = 0.44kg/㎡

6. 피해율 = {(0.6 - 0.44) ÷ 0.6} × (240 ÷ 1,000) = 6.4%

1 생산비보장의 특징

1 보험의 목적

① 노지 밭작물

② 작물: 시설작물·버섯, 시설: 시설작물·버섯 재배용 농업용 시설물 (부대시설 포함)이다.

생산비보장 (노지) 밭작물	• 고추, 브로콜리 • 배추(봄·고랭지·가을·월동), 무(고랭지·가을·월동), 단호박, 파(대파, 쪽파(실파) 1형·2형), 당근, 메밀, 시금치(노지), 양상추
원예시설 손해보장	• 시설작물 재배용 농업용 시설물·부대시설 • 시설작물 : 인수 가능한 농업용 시설물에서 재배하는 시설작물 - 화훼류 : 국화, 장미, 백합, 카네이션 - 비화훼류 : 딸기, 오이, 토마토, 참외, 고추, 호박, 수박, 멜론, 파프리카, 상추, 부추, 시금치, 가지, 배추, 파 (대파·쪽파), 무, 미나리, 쑥갓, 감자
버섯 손해보장	• 버섯 재배용 농업용 시설물·부대시설 • 시설재배 버섯 : 표고버섯(원목·톱밥배지 재배), 느타리버섯(균상·병재배), 새송이버섯(병재배), 양송이버섯(균상재배)

2 보장방식

① 노지 밭작물

- 생산비보장
- 고추, 브로콜리 이외의 품목은 경작불능보장도 해당한다.
- 전 품목 재정식보장 또는 재파종보장도 추가된다.

② 시설작물·시설재배 버섯은 생산비보장만 해당한다.

3 보상하는 재해, 보상하지 않는 손해

① 보상하는 재해

생산비보장 (노지) 밭작물	종합위험. 자연재해, 조수해, 화재 고추 : +병해충
원예시설, 버섯 손해보장	1. 시설작물·버섯 재배용 농업용 시설물 및 부대시설 : 종합위험. 자연재해, 조수해, 화재. 화재는 특별약관으로 보상 2. 시설작물 : '아래 중 하나에 해당하는 경우' 자연재해, 조수해를 보상 (화재 : 특별약관으로 보상) ① 시설작물 • 구조체, 피복재 등 농업용 시설물에 직접적인 피해가 발생한 경우 • 농업용 시설물에 직접적인 피해가 발생하지 않은 자연재해로서 작물피해율이 70% 이상 발생하여 농업용 시설물 내 전체 작물의 재배를 포기하는 경우 • 기상청에서 발령하고 있는 기상특보 발령지역의 기상특보 관련 재해로 인해 작물에 피해가 발생한 경우 • 시설재배 농작물에 조수해 피해가 발생한 경우 ② 시설재배 버섯 • 구조체, 피복재 등 농업용 시설물(버섯재배사)에 직접적인 피해가 발생한 경우 • '표고버섯 확장위험보장 특별약관' 가입한 표고버섯 : 시설작물과 동일

② 보상하지 않는 손해
- 노지 밭작물: 기본 10종을 토대로 한다.
- 시설작물·시설재배 버섯: 기본 10종을 토대로 작물과 농업용 시설물 및 부대시설의 보상하지 않는 손해가 함께 규정되어 있다.
- 제4장. 기초 학습 내용-보상하지 않는 손해 및 [농업재해보험·손해평가의 이론과 실무] 등 참조

1 생산비보장

① 보상하는 재해로 인한 '사고 발생 시점까지 투입된 생산비(보장생산비)'를 보장한다.

② 보험금 산정식은 노지 밭작물과 시설작물·시설재배 버섯이 다르지만, 산정 원리는 동일하다.

- 아래 보험금 산정의 과정 참조

2 생산비보장보험금에 적용되는 비율

① 사고 발생 시점을 정확히 알아야 하므로 일자 조사를 통해 '경과 기간'을 비율(경과비율)로 산출한다.

- 경과 비율: '정식(파종), 종균 접종일~사고발생일'의 기간 즉, 생산비가 투입된 기간을 비율로 산출

② 전체 재배면적 대비 피해면적의 비율인 '면적피해율'을 적용한다.

③ 작물의 손해 정도에 따라 보상하므로 '손해 정도'를 조사하여 '평균 손해정도비율'을 산출한다.

④ 생산비보장: 투입된 생산비를 사고 발생 시점까지 '경과 기간(경과비율)'과 작물의 '손해 정도(면적피해율×평균 손해정도비율)'에 따라 보험가입금액을 한도로 보상하는 방식이다.

⑤ 보험가입금액은 재배면적과 보장생산비로 산출한다.

- 보험가입금액=가입면적×㎡당 보장생산비
- 노지 밭작물과 시설작물·버섯의 보험가입금액 산정 방법은 동일하지 않다.

3 생산비보장보험금의 기본 예시

생산비보장보험금(예시. 노지 밭작물 중 고추)

= ([1]보험가입금액 × 정식(파종)일로부터 [2]30일 경과 × [3]36%의 피해율) – 자기부담금

= ([1]보험가입금액 × [2]경과비율 × [3]피해율) – 자기부담금

- 2회 이상의 사고인 경우 : 계약 당시 보험가입금액에서 기지급 보험금 총액을 차감한 잔존보험가입금액을 적용한다.

1. [1]보험가입금액 = 가입면적 × m²당 보장생산비 = 전체 가입면적의 보장생산비이다.

2. 보험가입금액 × [2]30일 경과 = 가입한 금액(전체 보장생산비) 중 30일간 투입된 금액 ***원

   - 기간에 따른 경과 비율 산출은 기본과정에서 학습한다.

3. 보험가입금액 × 정식(파종)일로부터 30일 경과 × [3]36% 피해율

   = 가입한 금액(전체 보장생산비) 중 30일간 투입된 금액 ***원 중에서 피해 본 [3]36% 만큼의 금액 ***원

   ① 피해가 없는 작물은 수확이 가능하다. 피해인정계수의 정의 참조

   ② 피해율 = 면적피해율 80% × 평균 손해정도비율 50% × (100% – 미보상비율 10%)

     - 전체면적 중 피해 본 80%의 면적 내의 작물 중 평균 손해정도비율이 50%. 그 중 보상하는 손해 이외의 원인으로 피해 본 10% 차감

4. 고추 : 병충해에 의한 사고인 경우 병충해 등급별 인정비율을 추가 반영한다.

5. 자기부담금 = (잔존)보험가입금액 × 자기부담비율

4 (표준)생산비와 보장생산비

(표준) 생산비	1. 정의 : 작물의 생산을 위해 소비되는 재화나 용역에 대한 비용 2. 구성 항목 : 종묘비, 비료비, 농약비, 수리비, 제재료비, 광열동력비, 소농구비, 대농구상각비, 영농시설 상각비, 수선비, 임차료, 위탁영농비, 자가노력비, 자본용역비, 토지용역비 등 3. 산출 방법 : 기관에서 산출한다.
보장 생산비	1. 산출한 표준생산비를 재배 기간별(준비기, 생장기, 수확기)로 배분한다. 2. 표준생산비에서 수확기 생산비를 차감해 보험가입대상 생산비를 산출한다. 3. (수확기 생산비는 수확과 더불어 회수되므로) '보험가입대상 생산비(보상생산비) = 준비기 + 생장기 생산비'이다.

1 고추, 브로콜리 생산비보장 손해조사

① 무한꽃차례 식물로 수확이 여러 차례에 걸쳐서 이뤄진다. 이에 다른 노지 밭작물과 구분된다.

② 사고당 보험금을 지급하므로 잔존 보험가입금액을 적용한다.

③ 생산비보장과 재정식보장이 가능하다.

---

1. 피해사실확인조사

① 고추, 브로콜리 품목의 생산비보장은 '피해사실 확인조사'를 별도로 실시하지 않는다.

- 사고접수 직후 사고마다 바로 조사(생산비보장 손해조사)한다.
- **cf)** 타 품목. 피해사실 확인조사 → 보상하는 재해로 인한 피해 확인, 추가 조사 필요 판단 → 추가 조사 실시. '피해 확인이 가능한 시기(수확 직전)'에 조사가 이뤄진다.

② 재정식보장의 경우 피해사실 확인조사가 필요하지만, 「농업재해보험·손해평가의 요령」에는 별도로 기재되어 있지 않다.

2. 일자 조사

① 보상하는 재해로 인한 피해 여부 확인

② 일자 조사: 사고발생일, 수확 예정 일자, 수확 개시 일자, 수확 종료 일자 확인

- 사고발생일: 경과 기간에 따른 생산비를 보장하므로 사고발생일 조사는 중요하다.
- 수확 예정 일자, 수확 개시 일자, 수확 종료 일자 등: 경과 기간을 비율로 산출할 때 수확 개시 이전과 이후의 경과 비율 산출식이 다르므로 수확 관련 일자는 경과비율 산출을 위해 중요하다.

③ 경과비율을 산출한다. 수확기 이전과 수확기 중으로 나누어 산출하며, 산출 방법은 기본과정에서 학습한다.

3. 면적 조사

① 실제경작면적, 피해면적 조사

② 작물의 피해 정도를 조사하기 위해 표본구간이 필요하며, '실제경작면적 또는 피해면적'을 기준으로 표본구간의 수를 산정한다.

③ 면적피해율을 산출한다. 면적피해율 = 피해면적 ÷ 실제경작면적

4. 평균 손해정도비율 조사

　① 선정된 표본구간 내의 작물의 손해 정도를 조사하고 평균 손해정도비율을 산출한다.

　② 브로콜리는 다른 방법으로 작물피해율을 산출한다. (손해정도비율 ≠ 작물피해율)
　　→ 손해정도비율을 산출한다. 일부 품목은 평균 손해정도비율을 산출한다. 산출 방법은
　　　기본 과정에서 다루기로 한다.

　③ 미보상비율 조사

5. 생산비보장보험금

　① 보험금 = (잔존 보험가입금액 × 경과비율 × 피해율 × 병충해 등급별 인정비율) − 자기부담금
　　• 지급 사유 : 보상하는 재해로 인해 자기부담금을 초과하는 피해가 발생한 경우
　　• 병충해 등급별 인정비율 : 고추 품목만 해당한다.

　② 잔존보험가입금액 = 보험가입금액 − 보상액 (기발생 보험금 총액)
　　• 이전 사고의 보험금을 차감한 금액이 다음 사고의 보험금 산정 기준이 된다.
　　• 예 보험가입금액 1,000만원, 1차 사고 지급보험금 100만원
　　　→ 2차 사고 보험금 = (900만원 × 경과비율 × ^{1}피해율 × ^{2}병충해 등급별 인정비율) −
　　　　^{3}자기부담금

　③ ^{1}피해율
　　• 고추 = 면적피해율 × 평균 손해정도비율 × (1 − 미보상비율)
　　• 브로콜리 = 면적피해율 × 작물피해율 × (1 − 미보상비율)

　④ ^{2}병충해 등급별 인정비율 : 총 3등급으로 각각의 인정 비율이 정해져 있다.
　　• 1등급 − 70%, 2등급 − 50%, 3등급 − 30%

　⑤ ^{3}자기부담금 = 잔존 보험가입금액 × 자기부담비율
　　• 고추, 브로콜리 자기부담비율 : 3%, 5% (타 보장방식과 다름에 주의한다)
　　• 자기부담금 : 잔존 보험가입금액을 기준으로 한다.

2 고추, 브로콜리 보험금 산정 예시

① **예1** 고추, 기지급 보험금이 없는 경우, 피해율이 바로 제시된 경우

• 품목 고추. 보험가입금액 1,000만원, 자기부담비율 5%, 경과비율 40%, 피해율 30%, 병충해
등급별 인정비율 50%

생산비보장보험금 = (10,000,000 × 0.4 × 0.3 × 0.5) − (10,000,000 × 0.05) = 100,000원

② **예 2)** 브로콜리, 기지급 보험금이 있는 경우

•품목 브로콜리. 보험가입금액 2,000만원, 자기부담비율 3%, 경과비율 60%, 면적피해율 30%, 작물피해율 80%, 미보상비율 없음, 기지급보험금 300만원

1. [1]잔존보험가입금액 = 20,000,000 − 3,000,000 = 17,000,000원
2. [2]피해율 = 면적피해율 × 작물피해율 × (1 − 미보상비율) = 0.3 × 0.8 × (1 − 0) = 24%
3. 생산비보장보험금 = ([1]17,000,000 × 0.6 × [2]0.24) − ([1]17,000,000 × 0.03) = 1,938,000원

③ **예 3)** 고추, 기지급 보험금이 있는 경우, 병충해 등급별 인정비율이 제시되지 않는 경우

•품목 고추. 보험가입금액 1,000만원, 자기부담비율 3%, 기지급보험금 200만원, 경과비율 70%, 면적피해율 30%, 평균 손해정도비율 55%, 병충해 1등급, 미보상비율 10%

1. [1]잔존 보험가입금액 = 10,000,000 − 2,000,000 = 8,000,000원
2. [2]피해율 = 면적피해율 × 평균 손해정도비율 × (1 − 미보상비율) = 0.3 × 0.55 × (1 − 0.1) = 14.85%
3. [3]병충해 등급별 인정비율 : 1등급 − 70%
4. 생산비보장보험금 = ([1]8,000,000 × 0.7 × [2]0.1485 × [3]0.7) − ([1]8,000,000 × 0.03) = 342,120원

3 배추, 무, 단호박, 파, 당근, 메밀, 시금치(노지), 양상추 - 생산비보장 손해조사

① 배추(봄·고랭지·가을·월동), 무(고랭지·가을·월동), 파(대파·쪽파)

② 생산비보장, 경작불능보장, 재정식보장, 재파종보장이 가능하다. 경작불능보장, 재정식보장, 재파종보장은 기본과정에서 학습한다.

③ 고추, 브로콜리와 보험금 산정 방법은 다르지만, 동일한 원리이다.

④ 보험금을 1회만 지급하므로 잔존 보험가입금액을 적용하지 않는다.

1. 피해사실 확인조사

  ① 보상하는 재해로 인한 피해 여부 및 추가 조사(경작불능조사, 생산비보장 손해조사) 필요 여부 판단

  ② 본 품목들은 피해사실 확인조사를 실시하고 추가 조사가 필요하다고 판단되면 '수확 직전'에(작물 피해의 정도를 확인할 수 있는 시점)에 생산비보장 손해조사를 실시한다.

  ③ 재정식·재파종보장이 추가되었으므로, 추가 조사의 종류에도 재정식·재파종 조사가 추가되어야 할 것으로 보인다.

↓

2. 조사 시기

　① 조사 시기 : 수확 직전

　② 보상하는 재해로 인한 피해 여부 심사

✓일자 조사는 본 품목들의 보험금 산정에는 필요하지 않지만,「농업재해보험·손해평가의
　요령」고추·브로콜리와 구분하지 않고 실려있다.

3. 면적 조사 : 실제경작면적, 피해면적

　① 작물의 피해 정도를 조사하기 위해 표본구간이 필요하며, '피해 면적'을 기준으로
　　　표본구간의 수를 산정한다.

　② 메밀 : 도복 피해면적과 도복 이외 피해면적으로 구분해서 조사하며, 도복 이외의 피해
　　　면적을 기준으로 표본구간수를 산정한다.

　③ 면적피해율을 산출한다. 면적피해율 = 피해면적 ÷ 실제경작면적

4. 평균 손해정도비율 조사

　① 선정된 표본구간 내의 작물의 손해정도를 조사하고 손해정도비율을 산출한다.

　　✓ 산출 방법은 기본 과정에서 학습한다.

　② 미보상비율을 조사

5. 생산비보장 보험금 = 보험가입금액 × (피해율 − 자기부담비율)

　① 보상하는 재해로 인해 자기부담비율을 초과하는 피해가 발생한 경우

　② 피해율

　　• 메밀 외 품목 피해율 = 면적피해율 × 평균 손해정도비율 × (1-미보상비율)

　　• 메밀 피해율 = 면적피해율 × (1-미보상비율)

$$= \frac{\text{도복 피해면적} \times 70\% + \text{도복 외 피해면적} \times \text{평균 손해정도비율}}{\text{재배면적}} \times (1 - \text{미보상비율})$$

　③ 자기부담비율 : 10%, 15%, 20%, 30%, 40% 형이 있다.

　　• 고추, 브로콜리와 다름에 주의한다.

　　• 일부 품목은 10%, 15%를 선택할 수 없으며, 생산비보장 (노지) 밭작물의
　　　자기부담비율은 변경이 많으므로 시험 당해의 [농업재해보험 · 손해평가의 이론과
　　　실무]에서 확인한다.

4 배추, 무, 단호박, 파, 당근, 메밀, 시금치(노지), 양상추 - 보험금 산정 예시

① 예 1]

•품목 고랭지배추, 보험가입금액 1,500만원, 자기부담비율 20%, 면적피해율 50%, 평균 손해정도비율 70%, 미보상비율 10%
1. [1]피해율 = 0.5 × 0.7 × (1 − 0.1) = 31.5%
2. 생산비보장 보험금 = 15,000,000 × ([1]0.315 − 0.2) = 1,725,000원

② 예 2]

• 품목 메밀, 보험가입금액 2,000만원, 자기부담비율 20%, 재배면적 600㎡, (최종) 피해면적 240㎡, 미보상비율 없음
1. [1]피해율 = (240 ÷ 600) × (1 − 0) = 40%
2. 생산비보장 보험금 = 20,000,000 × ([1]0.4 − 0.2) = 4,000,000원

③ 예 3]

•품목 쪽파, 보험가입금액 1,000만원, 자기부담비율 20%, 재배면적 1,000㎡, 피해면적 350㎡, 평균 손해정도비율 68%, 미보상비율 15%
1. 면적피해율 = 350 ÷ 1,000 = 35%
2. [1]피해율 = 0.35 × 0.68 × (1 − 0.15) = 20.23%
3. 생산비보장 보험금 = 10,000,000 × ([1]0.2023 − 0.2) = 23,000원

4

보험금 산정의 과정 및 예시 − 시설작물, 시설재배 버섯

1 시설작물, 시설재배 버섯

> **참고)**
> • 시설작물·시설재배 버섯의 생산비보장 보험금 산정식은 품목에 따라 다르다.
> • 이하 내용은 가장 기본인 일반 시설작물(예시. 딸기)과 버섯(예시. 새송이버섯)을 기준으로 한다.

① 잔존 보험가입금액을 적용하지 않는다.
  • 보험금 산정식이 '보험가입금액×(피해율−자기부담비율)'이 아니다.
② 자기부담금이 없으며, 소손해 면책금 (10만원)이 적용된다.

• 소손해 면책금: 보상하는 재해로 1사고 당 생산비보장 보험금이 10만원 이하의 경우 보험금이 지급되지 않고, '소손해 면책금을 초과하는 경우 손해액 전액'을 보험금으로 지급한다.

1. 조사 기준
   ① 평가 단위: 목적물 단위. 1 시설(하우스) 내 여러 품목이 경작 중인 경우에도 품목별로 평가한다.
   ② 평가 시점 : 피해의 확정이 가능한 시점

↓

2. 계약사항 확인
   사고 목적물의 소재지, 보험 시기, 하우스 규격, 재배면적 등

↓

3. 사고 현장 방문
   ① 보상하는 재해로 인한 피해 여부 확인
   ② 사고 경위, 사고 일자 등을 확인
   ③ 재배 일정 확인 : 정식·파종·종균 접종일, 수확 개시·수확 종료일 확인
   ④ 사고 일자 확인
   ✓ 경과 기간에 따른 생산비의 투입을 보장하는 것으로 재배 일정과 사고 일자 확인은
      경과비율 산출을 위해 중요하다.

↓

4. 손해조사 : 경과비율과 피해율(피해비율×손해정도비율×(1−미보상비율))을 산출
   ① 경과비율 산출 : 사고 발생 시점을 수확 개시 이전과 이후로 나누어 경과 기간에 따라
      경과 비율을 산출한다.
   ② 재배비율 및 피해비율 : 재배면적 및 피해면적 조사를 통해 재배비율과 피해비율을
      산출한다.
   ③ 손해정도비율 : 보험목적물의 뿌리, 줄기, 잎 과실 등에 발생한 부분의 손해정도비율을
      산정한다.
   ✓ 참고
      • 시설작물, 시설재배 버섯의 피해율 산출 시 과거에는 재배비율이 적용되었지만, 현재는
        삭제되었다.
      • 경과비율 및 손해정도비율의 산출 방법은 생산비보장방식−노지 밭작물과 같으며 기본
        과정에서 학습한다.
      • 피해비율, 손해정도비율 : 과거에는 생산비보장 노지 밭작물과, 시설작물·시설재배 버섯
        모두 피해비율, 손해정도비율로 표기했지만, 각각 면적피해율과 평균 손해정도비율로
        명칭이 변경되고 있다. 시설작물·시설재배 버섯에는 아직 반영되지 않았지만, 곧 변경될
        것으로 예상한다. 시험 당해의 [농업재해보험·손해평가의 이론과 실무]에서 확인한다.

5. 보험금 산정

① 생산비보장 보험금 = [1](피해작물 재배면적 × 단위면적당 보장생산비) × [2]경과비율 × [3]피해율

  - 피해작물 재배면적 × 단위면적당 보장생산비 = 피해 작물을 재배하기 위해 재배면적에 투입되는 [1]'총 보장생산비'이다.
  - (피해작물 재배면적 × 단위면적당 보장생산비) × 경과비율 = 피해 작물 재배에 [2]'사고 발생 시점까지 투입된' 보장생산비이다.

② 피해율 = 피해비율 × 손해정도비율 × (1 - 미보상비율)

③ 보험금 = (피해작물 재배면적 × 단위면적당 보장생산비) × 경과비율 × 피해율 = 피해 작물 재배에 사고발생 시점까지 투입된 보장생산비에 [3]'실제 피해면적과 작물의 손해정도를 반영한' 금액이다.

2 시설작물, 시설재배 버섯 보험금 산출 예시

① 예 1]

• 품목 딸기, 재배면적 1,000㎡, 보장생산비 14,500원/㎡, 경과비율 60%, 피해면적 400㎡, 손해정도비율 70%, 미보상비율 10%
1. 피해비율 = 400 ÷ 1,000 = 40%
2. [1]피해율 = 0.4 × 0.7 × (1 - 0.1) = 25.2%
3. 생산비보장 보험금 = (1,000 × 14,500) × 0.6 × [1]0.252 = 2,192,400원   • 소손해 면책금 이상이므로 전액 지급한다.

② 예 2]

• 품목 새송이버섯(병재배), 재배병수 2,000병, 보장생산비 430원/병, 경과비율 92.5%, 피해병수 800병, 손해정도비율 45%, 미보상비율 10%
1. 피해비율 = 800 ÷ 2,000 = 40%
2. [1]피해율 = 0.4 × 0.45 × (1 - 0.1) = 16.2%
3. 생산비보장 보험금 = (2,000 × 430) × 0.925 × [1]0.162 = 128,871원   • 소손해 면책금 이상이므로 전액 지급한다.
√ 병재배 버섯(새송이, 양송이) 버섯의 경과비율은 고정값이며, 매해 변경된다.

viii. 시설 종합
비가림시설, 해가림시설, 농업용 시설물 및 부대시설, 축사

> **✓ 포인트**
>
> **시설의 보험금 산정**
> - 보험금 산정 방법이 농작물과 산정 방법이 다르며, 시설별로도 다르다.
> - 시설 보험금 산정에 필요한 기초내용까지만 다루기로 한다.
> - 축사는 가축 재해보험에 속하지만 농작물 재해보험 시설과 함께 학습하는 것이 좋다.

1 특징

1 농작물 재해보험에 가입할 수 있는 시설은 과수 또는 작물의 재배를 위해 필요한 시설이다.

2 종류

대상 품목	시설
종합위험 수확감소보장 과수 포도, 대추, 참다래 (비가림과수)	비가림시설
특정위험보장 인삼	해가림시설
종합위험 생산비보장 시설작물, 시설재배 버섯	농업용 시설물 및 부대시설
가축 재해보험	축사

3 보통약관으로 가입한다.

비가림시설, 해가림시설, 농업용 시설물 및 부대시설, 축사 모두 해당 보장방식의 보통약관으로 보장된다.

4 보상하는 재해, 보상하지 않는 손해

① 보상하는 재해

보상하는 재해	시설
자연재해 + 조수해, 화재(특별약관) 화재 : '화재위험보장 특별약관'으로 보장	비가림시설 농업용 시설물 및 부대시설
자연재해 + 조수해 + 화재 화재 : 보통약관에서 보장	해가림시설
설해 + 수재 + 풍재 + 지진 + 화재	축사

② 보상하지 않는 손해

비가림시설, 농업용 시설물 및 부대시설

1. 계약자, 피보험자 또는 이들의 법정대리인의 고의 또는 중대한 과실로 인한 손해

2. 자연재해, 조수해 발생했을 때 생긴 ⓓ난 또는 분실로 생긴 손해

3. 보험의 목적의 ⓝ후 및 하자로 생긴 손해

4. 보장하지 않는 재해로 제방, 댐 등이 붕괴되어 발생한 손해

5. ⓒ식활동 및 지하수로 생긴 손해

6. 수확기에 계약자 또는 피보험자의 고의 또는 중대한 과실로 수확하지 못하여 발생한 손해

7. 제초작업, 시비관리, 온도(냉·보온)관리 등 통상적인 영농활동을 하지 않아 발생한 손해

8. 원인의 직접, 간접을 묻지 아니하고 병해충으로 발생한 손해

9. 계약체결 시점 또는 정식(파종) 시점 현재 기상청에서 기상 특보를 발령했거나 기상특보가 지속적으로 발효되고 있는 기간 중 발령 지역의 기상특보 관련 재해로 인한 손해

10. ⓔ쟁, 혁명, 내란, 사변, 폭동, 소요, 노동쟁의, 기타 이들과 유사한 사태로 생긴 손해

11. 보상하는 재해에 해당하지 않은 재해로 발생한 손해

12. 직접 또는 간접을 묻지 않고 농업용 시설물의 시설, 수리, 철거 등 관계 법ⓡ의 집행으로 발생한 손해

13. 피보험자가 파손된 보험의 목적의 수리 또는 복구를 ⓳연함으로써 가중된 손해

14. 농업용 시설물이 복재로 ⓟ복되어 있지 않은 상태 또는 그 내부가 외부와 차단되어 있지 않은 상태에서 보험의 목적에 발생한 손해

15. 피보험자가 농업용 시설물(부대시설 포함)을 수ⓡ 및 보수하는 중에 발생한 피해

🖊 **두문자 암기팁** : 계수통원보계해(시 X) + 노도령 전침지 + 피리

• 비가림시설 : 14, 15의 "피리"는 미해당

해가림시설

1. 계약자, 피보험자 또는 이들의 법정대리인의 고의 또는 중대한 과실로 인한 손해

2. 보상하는 재해가 발생했을 때 생긴 (도)난 또는 분실로 생긴 손해

3. 보험의 목적의 (노)후 및 하자로 생긴 손해

4. 보상하지 않는 재해로 제방, 댐 등이 붕괴되어 발생한 손해

5. (침)식 활동 및 지하수로 인한 손해

6. 계약체결 시점 현재 기상청에서 발령하고 있는 기상특보 발령 지역의 기상 특보 관련 재해로
   인한 손해

7. 보상하는 재해에 해당하지 않은 재해로 발생한 손해

8. 보험의 목적의 (발)효, 자연 발열, 자연발화로 생긴 손해. 그러나, 자연발열 또는 자연발화로
   연소된 다른 보험의 목적에 생긴 손해는 보상

9. 화재로 기인되지 않은 수도관, 수관 또는 수압기 등의 (파)열로 생긴 손해

10. 발전기, 여자기(정류기 포함), 변류기, 변압기, 전압조정기, 축전기, 개폐기, 차단기, 피뢰기,
    배전반 및 그 밖의 (전)기기기 또는 장치의 전기적 사고로 생긴 손해. 그러나 그 결과로 생긴
    화재손해는 보상

11. (원)인의 직접·간접을 묻지 않고 지진, 분화 또는 전쟁, 혁명, 내란, 사변, 폭동, 소요,
    노동쟁의, 기타 이들과 유사한 사태로 생긴 화재 및 연소 또는 그 밖의 손해

12. (핵)연료물질(사용된 연료 포함) 또는 핵연료 물질에 의하여 오염된 물질(원자핵 분열
    생성물 포함)의 방사성, 폭발성, 그 밖의 유해한 특성 또는 이들의 특성에 의한 사고로 인한
    손해

13. 상기 ⑫의 사항 이외의 (방)사선을 쬐는 것 또는 방사능 오염으로 인한 손해

14. 국가 및 지방자치단체의 명(령)에 의한 재산의 소각 및 이와 유사한 손해

　✎ **두문자 암기팁** : 계보계해 + 노방도령파 핵원전 발침

• 화재가 보통약관에서 보장되므로 비가림시설 등과 다르다.

<table>
<tr><td align="center">축사</td></tr>
</table>

1. 화재 또는 풍재·수재·설해·지진 발생 시 (도)난 또는 분실로 생긴 손해
2. 보험의 목적이 (발)효, 자연발열 또는 자연발화로 생긴 손해. 그러나 자연발열 또는 자연발화로 연소된 다른 보험의 목적에 생긴 손해는 보상
3. 풍재·수재·설해·지진과 관계없이 (댐) 또는 제방이 터지거나 무너져 생긴 손해
4. 바람, 비, 눈, 우박 또는 모래먼지가 들어옴으로써 생긴 손해. 그러나 보험의 목적이 들어있는 건물이 풍재·수재·설해·지진으로 직접 파손되어 보험의목적에 생긴 손해는 보상
5. 추위, 서리, 얼음으로 생긴 손해
6. 발전기, 여자기(정류기 포함), 변류기, 변압기, 전압조정기, 축전기, 개폐기, 차단기, 피뢰기, 배전반 및 그 밖의 (전)기기기 또는 장치의 전기적 사고로 생긴 손해. 그러나 그 결과로 생긴 화재 손해는 보상
7. 풍재의 직접, 간접에 관계 없이 보험의 목적인 (네)온사인 장치에 전기적 사고로 생긴 손해 및 건식 전구의 필라멘트 만에 생긴 손해
8. 국가 및 지방자치단체의 명(령)에 의한 재산의 소각 및 이와 유사한 손해

✎ **두문자 암기팁** : 전도령 네발이 비바람눈우박모래 땜에 얼음 됐다.

• 가축 재해보험 전 부문 공통 보상하지 않는 손해가 추가된다.

2 보험금 산정을 위해 이해해야 하는 용어

1 용어의 정의

① 보험가입금액 : 회사와 계약자 간에 약정한 금액으로 보험사고가 발생할 때 회사가 지급할 최대 보험금 산출에 기준이 되는 금액

② 보험가액 : 재산보험에 있어 피보험이익을 금전으로 평가한 금액으로 보험의 목적에 발생할 수 있는 최대 손해액 (회사가 실제 지급하는 보험금은 보험가액을 초과할 수 없음)

③ 추가 비용손해: 보장하는 위험으로 인하여 손해가 발생한 경우 계약자 또는 피보험자가 지출한 아래의 비용을 추가로 지급
  • 잔존물 제거비용: 사고 현장에서의 잔존물의 해체 비용, 청소비용 및 차에 싣는 비용.
    - 단, 보장하지 않는 위험으로 보험의 목적이 손해를 입거나 관계 법령에 의하여 제거됨으로써 생긴 손해에 대하여는 보상하지 않음

- 청소비용: 사고 현장 및 인근 지역의 토양, 대기 및 수질 오염물질 제거 비용과 차에 실은 후 폐기물 처리비용은 포함되지 않음
- 손해방지비용 : 손해의 방지 또는 경감을 위하여 지출한 필요 또는 유익한 비용
- 대위권 보전비용: 제3자로부터 손해의 배상을 받을 수 있는 경우에는 그 권리를 지키거나 행사하기 위하여 지출한 필요 또는 유익한 비용
- 잔존물 보전비용 : 잔존물을 보전하기 위하여 지출한 필요 또는 유익한 비용. 다만, 회사가 잔존물을 취득한 경우에 한함
- 기타 협력비용 : 회사의 요구에 따르기 위하여 지출한 필요 또는 유익한 비용
④ 재조달가액: 보험의 목적과 동형·동질의 신품을 조달하는데 소요되는 금액

> **✓ 포인트**
>
> **추가비용손해**
>
> 1. 잔존물 제거비용, 손해방지비용, 대위권 보전비용, 잔존물 보전비용, 기타 협력비용 → 잔+손대잔+기
> 2. 보험의 목적인 시설에 발생한 손해액 외에 계약자, 피보험자가 추가로 지출한 인정되는 비용손해이다.
> 3. 시설 보험금=목적물 보험금+비용손해
>   - 각 시설마다 '지급보험금의 계산 방법'이 다르다.

2 보험금 산정의 기본 방식

손해액 - 자기부담금

3 손해액

① 보상하는 재해로 인해 '피해를 입은 보험목적물'의 '사고 시점 현재의 가치'이다.
   - 보험목적물 중 피해 입은 부분의 가치
② 과수(작물)과 상관없는 보험의 목적인 시설에 발생한 손해의 금액이다.
③ 시설에 따라 재조달가액을 기준으로 산출 또는 감가상각을 반영한 시가 기준으로 산출한다.
④ 동일한 시설에서도 수리·복구 여부에 따라 재조달가액 또는 감가상각을 반영한 시가로 산출한다.

1 재조달가액을 기준으로 산출한 손해액

① 재조달가액: 보험의 목적과 동형·동질의 신품을 조달하는데 소요되는 금액이다.

② 보상하는 손해로 인해 피해 본 보험의 목적을 다시 조달하기 위해 소요된 비용이다. 즉, 새것(신품)으로 복구하기 위해 소요된 비용이다. 신품가액

③ 손해가 발생한 때와 장소에서 평가한 (사고 시점) 보험목적물의 가액(가치)을 기준으로 산출한다.

2 재조달가액 손해액 산출 예시

① **예 1]**

> • 피해면적 300㎡, (손해가 발생한 때와 장소에서 평가한) 재조달가액 시설비 5,000원/㎡
>
> 손해액 = 300 × 5,000 = 1,500,000원

② **예 2]**

> • 피해면적 400㎡, 보험 가입 : 2024. 05, 사고 시점 : 2025. 02
> • 재조달가액 시설비 : 가입 시점 4,000원/㎡, 사고 시점 5,000원/㎡
>
> 손해액 = 400 × 5,000 = 2,000,000원

3 감가상각된 금액(시가)으로 산출한 손해액

① 시가로 산출한 손해액: 설치 이후의 경과년수에 따라 감가된 금액을 차감하고 산출한 손해액이다. 즉, 재조달가액에 감가상각률을 차감한 손해액이다.

② 시가 손해액=재조달가액×(1-감가상각률)

  • 새로 조달하는 비용에서 감가상각된 금액을 차감한 후의(1-감가상각률) 금액이다.

  • 재조달가액-감가공제액=재조달가액×(1-감가상각률)

③ 감가상각률=경과년수×경년감가율

  경년감가율=(100%-잔가율)÷내용연수. 매년 감가된 비율이다.

④ 잔가율

  • 보험목적물의 내용연수가 다 한 시점에서 재조달가액 대비 잔존가율이다.

- 보험의 목적의 용도가 다한 시점에서 최종적으로 남아있는 가치를 비율로 환산한 것이다. 농작물재해보험 시설의 잔가율은 20%로 적용하면 된다.
⑤ 내용연수: 추정 효용연수. 즉, 이용이 가능한 연수 또는 보험목적물의 수명으로 이해하면 된다. 일반적으로 내용연수를 경과하면 가치가 다되었다고 본다.

4 감가상각률, 시가 손해액 산출 예시

① 예1] 감가상각율 산출

- 내용연수 10년, 경과년수 5년, 잔가율 20% 기준

1. [1]경년감가율 = (1 - 0.2) ÷ 10 = 8%
2. 감가상각률 = 5 × [1]0.08 = 40%
   - 5년간 매년 8%씩 가치가 떨어져서 총 40%가 감가됨

② 예2] 시가로 평가된 손해액 산출

- 재조달가액 1,000만원, 경년감가율 6%, 경과년수 8년

1. [1]감가상각률 = 경과년수 × 경년감가율 = 8 × 0.06 = 48%
2. 시가 손해액 = 10,000,000 × (1 - [1]0.48) = 5,200,000원

③ 예3] 시가로 평가된 손해액 산출

- 피해면적 200㎡, 재조달가액 시설비 7,000원/㎡, 경과년수 7년, 내용연수 20년

1. [1]재조달가액 = 200 × 7,000 = 1,400,000원
2. [3]경년감가율 = (1 - 0.2) ÷ 20 = 4%
3. [2]감가상각률 = 7 × [3]0.04 = 28%
4. 시가 손해액 = [1]1,400,000 × (1 - [2]0.28) = 1,008,000원

4 **자기부담금**

1 비가림시설, 농업용 시설물 및 부대시설, 해가림시설

① 사고당 손해액의 10%를 최소, 최대 한도 내에서 지급한다.

② 예 비가림시설

- 1단지, 1사고 당: 30만원 ≤ 손해액×10% ≤ 100만원
- 피복재 단독사고: 10만원 ≤ 손해액×10% ≤ 30만원

③ 화재가 특별약관으로 보장되는 경우: 화재 사고 시 자기부담금은 차감하지 않는다.

2 축사

① 계산된 보험금에 자기부담비율을 적용한다.

② 최소한도

- 설해, 수재, 풍재, 지진: 최소 한도 50만원
- 화재: 최소 한도 없음

5 **시설별 보험가입금액, 보험가액, 손해액, 보험금 산정 방법 분류**

> **참고)**
> 상세한 계산 방법은 기본과정에서 학습하고, 시설별 특징만 파악하는 정도면 충분하다.

비가림시설	1. 보험가입금액: 재조달가액
	2. 보험가액: 보험금 계산과정에서 불필요
	3. 손해액 　① 수리, 복구 완료한 경우: 재조달가액 　② 수리, 복구 완료하지 않은 경우: 시가
	4. 보험금＝min(손해액-자기부담금, 보험가입금액)＋추가 비용손해

농업용 시설물 및 부대시설	보통약관 (시가)	1. 보험가입금액: 시가 2. 보험가액: 보험금 계산과정에서 불필요 3. 손해액: 시가 4. 보험금 = min(손해액-자기부담금, 보험가입금액) + 추가 비용손해
	재조달가액 특별약관	1. 보험가입금액: 재조달가액 2. 보험가액: 보험금 계산과정에서 불필요 3. 손해액 　① 수리, 복구 완료한 경우: 재조달가액 　② 수리, 복구 완료하지 않은 경우: 시가 4. 보험금 = min(손해액-자기부담금, 보험가입금액) + 추가 비용손해
해가림시설	보통약관 (시가)	1. 보험가입금액: 시가 2. 보험가액: 시가 3. 손해액: 시가 4. 보험금 ① 보험가입금액이 보험가액과 같거나 클 때 　• 보험금 = min(손해액-자기부담금, 보험가입금액, 보험가액) ② 보험가입금액이 보험가액보다 작을 때 　• $보험금 = min\left[(손해액 - 자기부담금) \times \dfrac{보험가입금액}{보험가액}, 보험가입금액\right]$
	재조달가액 특별약관	1. 보험가입금액: 재조달가액 2. 보험가액: 재조달가액 3. 손해액 　① 수리, 복구 완료한 경우: 재조달가액 　② 수리, 복구 완료하지 않은 경우: 시가 4. 보험금 ① 보험가입금액이 보험가액과 같거나 클 때 　• 보험금 = min(손해액-자기부담금, 보험가입금액) ② 보험가입금액이 보험가액보다 작을 때 　• $보험금 = min\left[(손해액 - 자기부담금) \times \dfrac{보험가입금액}{재조달가액}, 보험가입금액\right]$

<table>
<tr><td rowspan="7">축
사</td><td>1. 보험가입금액: 시가</td></tr>
<tr><td>2. 보험가액: 시가</td></tr>
<tr><td>3. 손해액: 시가</td></tr>
<tr><td>4. 보험금
① 보험가입금액이 보험가액의 80% 해당액과 같거나 클 때(전부보험, 초과보험)
　• 보험금 = min(손해액, 보험가입금액, 보험가액) − 자기부담금
② 보험가입금액이 보험가액의 80% 해당액보다 작을 때(일부보험)
　• $보험금 = min\left[손해액 \times \dfrac{보험가입금액}{보험가액\,80\%},\ 보험가입금액\right] - 자기부담금$</td></tr>
</table>

<h2 align="center">ix. 가축재해보험</h2>

1 부문별 보험의 목적 및 가입 단위

1 소 부문

① 한우, 육우, 젖소
② 포괄가입: 사육하는 가축 전부 보험 가입

2 돼지 부문

① 종돈(모돈·웅돈), 자돈, 육성돈, 비육돈
② 포괄가입: 사육하는 가축 전부 보험 가입

3 가금 부문

① 꿩, 오리, 메추리, 닭, 관상조, 거위, 칠면조, 타조
② 포괄가입: 사육하는 가축 전부 보험 가입

4 종모우 부문

① 한우, 육우, 젖소
② 개별가입 가능

5 말 부문

① 종빈마, 종모마, 경주마, 육성마, 일반마, 제주마
② 개별가입 가능

6 기타 가축 부문

① 사슴, 양, 오소리, 토끼, 꿀벌
② 포괄가입: 사육하는 가축 전부 보험 가입

2 보상하는 손해, 보상하지 않는 손해

1 부문별 보상하는 손해

소 부문	폐사, 긴급도축, 도난 및 행방불명 손해, 가축사체 잔존물 처리비용
돼지 부문	폐사, 가축사체 잔존물 처리비용
가금 부문	보상하는 손해 발생 시 방재 또는 긴급피난 손해
종모우 부문	폐사, 긴급도축, 경제적 도살, 가축사체 잔존물 처리비용
말 부문	폐사, 긴급도축, 종빈마의 불임, 가축사체 잔존물 처리비용
기타 가축 부문	폐사, 가축사체 잔존물 처리비용 보상하는 손해 발생 시 방재 또는 긴급피난 손해

✓ 포인트

부문별 보상하는 손해

부문별로 폐사를 인정하는 범위, 긴급도축을 인정하는 범위, 특별약관으로 보상하는 손해 등이 다르다.

2 보상하지 않는 손해 - 전 부문 공통

① ㉚약자, 피보험자 또는 이들의 법정대리인의 고의 또는 중대한 과실
② ㉚약체결 시점 현재 기상청에서 발령하고 있는 기상특보 발령 지역의 기상특보 관련 재해(풍재, 수재, 설해, 지진, 폭염)로 인한 손해
③ 원인의 직접, 간접을 묻지 않고 ㉠쟁, 혁명, 내란, 사변, 폭동, 소요, 노동쟁의, 기타 이들과 유사한 사태로 인한 손해

④ ⓑ사선을 쬐는 것 또는 방사능 오염으로 인한 손해

⑤ ⓗ연료물질(사용된 연료 포함) 또는 핵연료 물질에 의하여 오염된 물질의 방사성, 폭발성 그 밖의 유해한 특성 또는 이들의 특성에 의한 사고로 인한 손해

⑥ 가축전염병예방법에서 정하는 가축전염ⓗ에 의한 폐사로 인한 손해 및 정부 및 공공기관의 살처분 또는 도태 권고로 발생한 손해

⑦ 계약자 또는 피보험자의 ⓓ살 및 위탁 도살에 의한 가축 폐사로 인한 손해

⑧ 보험 목적이 유실 또는 매몰되어 보험 목적을 객관적으로 ⓗ인할 수 없는 손해. 다만, 풍수해 사고로 인한 직접 손해 등 회사가 인정하는 경우에는 보상

⑨ 지ⓙ의 경우 보험계약일 현재 이미 진행 중인 지진(본진, 여진을 포함)으로 인한 손해

✏ **두문자 암기팁** → 전방에 핵이 있어 병도확진되어 계계(갤갤)

부문별 보상하지 않는 손해

부문별로 보상하지 않는 손해가 다르다. 공통 보상하지 않는 손해를 기초과정에서 익힌 후 부문별 보상하지 않는 손해는 기본과정에서 학습한다.

3 특별약관

보통약관 외에도 부문별 특별약관이 다양하다.

1 주요 특별약관 - 공통

① 협정보험가액: 재해보험사업자와 계약자 또는 피보험자와 협의하여 평가한 보험가액을 보험기간 중에 보험가액 및 보험가입금액으로 하는 기평가보험 특약이다.

② 화재대물배상책임 특별약관: 축사 화재로 인해 타인의 재물에 손해를 입혀서 법률상의 손해배상책임을 부담함으로써 입은 손해를 보상하는 축사의 특별약관

③ 구내폭발위험보장: 보험의 목적이 있는 구내에서 생긴 폭발, 파열로 보험의 목적에 생긴 손해를 보상하는 특약이다.

2 주요 특별약관 – 부문별

① 소 부문: 소(牛)도체결함보장
② 돼지 부문: 질병위험보장, 축산휴지위험보장, 전기적 장치 위험보장, 폭염재해보장
③ 가금 부문: 전기적 장치 위험보장, 폭염재해보장
④ 말 부문: 씨수말 번식 첫해 선천성 불임 확장보장, 말 운송위험 확장보장, 경주마 부적격
⑤ 기타 가축 부문: 사슴·양-폐사·긴급도축 확장보장, 꿀벌-낭충봉아부패병·부저병 보장

4 손해액 산정 기초

① 가축에서의 손해: 폐사, 긴급도축 등 가축의 사망으로 인한 전손만이 인정된다.
  • 전손: 보험가액=손해액 (사망한 가축의 가액=손해액)
② 가축은 축종별로 가치가 다르므로, 보험가액과 손해액의 산정 방법은 축종별로 다르다. 기본과정에서 학습한다.
③ 재조달가액이 있을 수 없으며 기본적으로 시가로 산정하지만, 시설에서의 시가와는 다르다.
④ 시가. 예
  • 소 한우, 육우, 젖소: 사고 전전월 전국산지평균가격을 적용
  • 돼지 비육돈: 사고 당일 포함 '직전 5영업일 평균 돈육 대표가격을 적용
⑤ 소, 돼지, 가금의 보험가액(손해액) 산정 방법은 축종별로 정해져 있으며, 이외의 부문은 협정보험가액을 적용하여 별도로 계산하지 않는다.

① 축종별로 보험가액(손해액)의 산정 방법은 다르지만, 산정된 손해액을 보험금으로 계산하는 '가축 지급보험금의 계산'은 동일하다.

② 가축 지급보험금의 계산(목적물 보험금)

보험가입금액이 보험가액과 같을 때(전부보험)
보험금 = min(손해액, 보험가입금액) − 자기부담금
보험가입금액이 보험가액보다 클 때(초과보험)
보험금 = min(손해액, 보험가액) − 자기부담금
보험가입금액이 보험가액보다 작을 때(일부보험)
보험금 = $min\left(손해액 \times \dfrac{보험가입금액}{보험가액},\ 보험가입금액\right)$ − 자기부담금

③ 위와 같이 계산한 목적물 보험금에 추가비용손해가 있는 경우 더하여 지급한다.

부록

1 과실 분류에 따른 피해인정계수

1 과실 분류에 따른 피해인정계수(복숭아 외)

과실분류	피해인정계수	비고
정상과	0	피해가 없거나 경미한 과실
50%형 피해 과실	0.5	일반시장에 출하할 때 정상과실에 비해 50% 정도의 가격 하락이 예상되는 품질의 과실 (단, 가공공장 공급 및 판매 여부와 무관)
80%형 피해 과실	0.8	일반시장 출하가 불가능하나 가공용으로 공급될 수 있는 품질의 과실(단, 가공공장공급 및 판매 여부와 무관)
100%형 피해 과실	1	일반시장 출하가 불가능하고 가공용으로도 공급될 수 없는 품질의 과실

2 과실 분류에 따른 피해인정계수(복숭아)

과실분류	피해인정계수	비고
정상과	0	피해가 없거나 경미한 과실
50%형 피해 과실	0.5	일반시장에 출하할 때 정상과실에 비해 50% 정도의 가격 하락이 예상되는 품질의 과실 (단, 가공공장 공급 및 판매 여부와 무관)
80%형 피해 과실	0.8	일반시장 출하가 불가능하나 가공용으로 공급될 수 있는 품질의 과실 (단, 가공공장공급 및 판매 여부와 무관)
100%형 피해 과실	1	일반시장 출하가 불가능하고 가공용으로도 공급될 수 없는 품질의 과실
병충해 피해 과실	0.5	세균구멍병 피해를 입은 과실

구분		기준
정상과실		무피해과실 또는 보상하는 재해로 과피 전체 표면 면적의 10% 내로 피해가 있는 경우
등급내피해과실	30%형	보상하는 재해로 과육은 피해가 없고 과피 전체 표면 면적의 10% 이상 30% 미만의 피해가 있는 경우
	50%형	보상하는 재해로 과육은 피해가 없고 과피 전체 표면 면적의 30% 이상 50% 미만의 피해가 있는 경우
	80%형	보상하는 재해로 과육은 피해가 없고 과피 전체 표면 면적의 50% 이상 80% 미만의 피해가 있는 경우
	100%형	보상하는 재해로 과피 전체 표면 면적의 80% 이상 피해가 있거나 과육의 부패 및 물음 등의 피해가 있는 경우
등급외피해과실	30%형	[제주특별자치도 감귤생산 및 유통에 관한 조례시행규칙] 제18조제4항에 준하여 과실의 크기만으로 등급 외 크기이면서 무피해 과실 또는 보상하는 재해로 과피 및 과육 피해가 없는 경우를 말함
	50%형	[제주특별자치도 감귤생산 및 유통에 관한 조례시행규칙] 제18조제4항에 준하여 과실의 크기만으로 등급 외 크기이면서 보상하는 재해로 과육은 피해가 없고 과피 전체 표면 면적의 10% 이상 피해가 있으며 과실 횡경이 70mm 이상인 경우를 말함
	80%형	[제주특별자치도 감귤생산 및 유통에 관한 조례시행규칙] 제18조제4항에 준하여 과실의 크기만으로 등급 외 크기이면서 보상하는 재해로 과육은 피해가 없고 과피 전체 표면 면적의 10% 이상 피해가 있으며 과실 횡경이 49mm 미만인 경우를 말함
	100%형	[제주특별자치도 감귤생산 및 유통에 관한 조례시행규칙] 제18조제4항에 준하여 과실의 크기만으로 등급 외 크기이면서 과육 부패 및 물음 등의 피해가 있어 가공용으로도 공급 될 수 없는 과실을 말함

1 농작물재해보험 미보상비율 적용표(감자, 고추 제외 전 품목)

구분	제초 상태	병해충 상태	기타
해당 없음	0%	0%	0%
미흡	10% 미만	10% 미만	10% 미만
불량	20% 미만	20% 미만	20% 미만
매우 불량	20% 이상	20% 이상	20% 이상

- 미보상비율은 보상하는 재해 이외의 원인이 조사 농지의 수확량 감소에 영향을 준 비율을 의미하며 제초 상태, 병해충 상태 및 기타 항목에 따라 개별 적용한 후 해당 비율을 합산하여 산정

제초 상태(과수 품목은 피해율에 영향을 줄 수 있는 잡초만 해당)

(a) 해당 없음 : 잡초가 농지 면적의 20% 미만으로 분포한 경우

(b) 미흡 : 잡초가 농지 면적의 20% 이상 40% 미만으로 분포한 경우

(c) 불량 : 잡초가 농지 면적의 40% 이상 60% 미만으로 분포한 경우 또는 경작불능 조사 진행 건이나 정상적인 영농활동 시행을 증빙하는 자료(비료 및 농약 영수증 등)가 부족한 경우

(d) 매우 불량 : 잡초가 농지 면적의 60% 이상으로 분포한 경우 또는 경작불능 조사 진행 건이나 정상적인 영농활동 시행을 증빙하는 자료(비료 및 농약 영수증 등)가 없는 경우

병해충 상태(각 품목에서 별도로 보상하는 병해충은 제외)

(a) 해당 없음 : 병해충이 농지 면적의 20% 미만으로 분포한 경우

(b) 미흡 : 병해충이 농지 면적의 20% 이상 40% 미만으로 분포한 경우

(c) 불량 : 병해충이 농지 면적의 40% 이상 60% 미만으로 분포한 경우 또는 경작불능 조사 진행 건이나 정상적인 영농활동 시행을 증빙하는 자료(비료 및 농약 영수증 등)가 부족한 경우

(d) 매우 불량 : 병해충이 농지 면적의 60% 이상으로 분포한 경우 또는 경작불능 조사 진행 건이나 정상적인 영농활동 시행을 증빙하는 자료(비료 및 농약 영수증 등)가 없는 경우

기타 : 영농기술 부족, 영농 상 실수 및 단순 생리장애 등 보상하는 손해 이외의 사유로 피해가 발생한 것으로 추정되는 경우 [해거리, 생리장애(원소결핍등), 시비관리, 토양관리(연작및PH과다·과소등), 전정(강전정등), 조방재배, 재식밀도(인수기준이하), 농지상태(혼식, 멀칭, 급배수등), 가입이전사고및계약자중과실손해, 자연감모, 보상재해이외(종자불량,일부가입등)]에 적용
(a) 해당 없음 : 위 사유로 인한 피해가 없는 것으로 판단되는 경우
(b) 미흡 : 위 사유로 인한 피해가 10% 미만으로 판단되는 경우
(c) 불량 : 위 사유로 인한 피해가 20% 미만으로 판단되는 경우
(d) 매우 불량 : 위 사유로 인한 피해가 20% 이상으로 판단되는 경우

2 농작물재해보험 미보상비율 적용표(감자, 고추 품목)

구분	제초 상태	기타
해당 없음	0%	0%
미흡	10% 미만	10% 미만
불량	20% 미만	20% 미만
매우 불량	20% 이상	20% 이상

제초 상태(과수 품목은 피해율에 영향을 줄 수 있는 잡초만 해당)
(a) 해당 없음 : 잡초가 농지 면적의 20% 미만으로 분포한 경우
(b) 미흡 : 잡초가 농지 면적의 20% 이상 40% 미만으로 분포한 경우
(c) 불량 : 잡초가 농지 면적의 40% 이상 60% 미만으로 분포한 경우 또는 경작불능 조사 진행 건이나 정상적인 영농활동 시행을 증빙하는 자료(비료 및 농약 영수증 등)가 부족한 경우
(d) 매우 불량 : 잡초가 농지 면적의 60% 이상으로 분포한 경우 또는 경작불능 조사 진행 건이나 정상적인 영농활동 시행을 증빙하는 자료(비료 및 농약 영수증 등)가 없는 경우
기타 : 영농기술 부족, 영농 상 실수 및 단순 생리장애 등 보상하는 손해 이외의 사유로 피해가 발생한 것으로 추정되는 경우 [해거리, 생리장애(원소결핍등), 시비관리, 토양관리(연작및PH과다·과소등), 전정(강전정등), 조방재배, 재식밀도(인수기준이하), 농지상태(혼식, 멀칭, 급배수등), 가입이전사고및계약자중과실손해, 자연감모, 보상재해이외(종자불량,일부가입등)]에 적용
(a) 해당 없음 : 위 사유로 인한 피해가 없는 것으로 판단되는 경우
(b) 미흡 : 위 사유로 인한 피해가 10% 미만으로 판단되는 경우
(c) 불량 : 위 사유로 인한 피해가 20% 미만으로 판단되는 경우
(d) 매우 불량 : 위 사유로 인한 피해가 20% 이상으로 판단되는 경우

3 품목별 표본주(구간)수 표

1 사과, 배, 단감, 떫은감, 포도(수입보장 포함), 복숭아, 자두, 밤, 호두, 부화과

조사대상주수	표본주수
50주 미만	5
50주 이상 100주 미만	6
100주 이상 150주 미만	7
150주 이상 200주 미만	8
200주 이상 300주 미만	9
300주 이상 400주 미만	10
400주 이상 500주 미만	11
500주 이상 600주 미만	12
600주 이상 700주 미만	13
700주 이상 800주 미만	14
800주 이상 900주 미만	15
900주 이상 1,000주 미만	16
1,000주 이상	17

2 특정위험방식 밭작물 품목(인삼)

피해칸수	표본칸수	피해칸수	표본칸수
300칸 미만	3칸	900칸 이상 1,200칸 미만	7칸
300칸 이상 500칸 미만	4칸	1,200칸 이상 1,500칸 미만	8칸
500칸 이상 700칸 미만	5칸	1,500칸 이상 1,800칸 미만	9칸
700칸 이상 900칸 미만	6칸	1,800칸 이상	10칸

3 종합위험방식 과수 품목(참다래, 매실, 대추, 오미자)

참다래		매실, 대추		오미자	
조사대상주수	표본 주수	조사대상주수	표본 주수	조사대상 유인틀길이	표본 구간수
50주 미만	5	100주 미만	5	500m 미만	5
50주 이상 100주 미만	6	100주 이상 300주 미만	7	500m 이상 1,000m 미만	6
100주 이상 200주 미만	7	300주 이상 500주 미만	9	1,000m 이상 2,000m 미만	7
200주 이상 500주 미만	8	500주 이상 1,000주 미만	12	2,000m 이상 4,000m 미만	8
500주 이상 800주 미만	9	1,000주 이상	16	4,000m 이상 6,000m 미만	9
800주 이상	10	–	–	6,000m 이상	10

4 종합위험방식 과수 품목(오디, 복분자, 감귤)

오디		복분자		감귤	
조사대상수수	표본 주수	가입포기수	표본 포기수	가입면적	표본 주수
50주 미만	6	1,000포기 미만	8	5,000㎡ 미만	4
50주 이상 100주 미만	7	1,000포기 이상 1,500포기 미만	9		
100주 이상 200주 미만	8	1,500포기 이상 2,000포기 미만	10		
200주 이상 300주 미만	9	2,000포기 이상 2,500포기 미만	11	10,000㎡ 미만	6
300주 이상 400주 미만	10	2,500포기 이상 3,000포기 미만	12		
400주 이상 500주 미만	11	3,000포기 이상	13		
500주 이상 600주 미만	12	-	-	10,000㎡ 이상	8
600주 이상	13	-	-		

5 종합위험방식 논작물 품목(벼, 밀, 보리)

조사대상면적	표본구간	조사대상면적	표본구간
2,000㎡ 미만	3	4,000㎡ 이상 5,000㎡ 미만	6
2,000㎡ 이상 3,000㎡ 미만	4	5,000㎡ 이상 6,000㎡ 미만	7
3,000㎡ 이상 4,000㎡ 미만	5	6,000㎡ 이상	8

6 종합위험방식 밭작물 품목(고구마, 양파, 마늘, 옥수수, 양배추)

조사대상면적	표본구간	조사대상면적	표본구간
1,500㎡ 미만	4	3,000㎡ 이상 4,500㎡ 미만	6
1,500㎡ 이상 3,000㎡ 미만	5	4,500㎡ 이상	7

7 종합위험방식 밭작물 품목 (감자, 차, 콩, 팥)

조사대상면적	표본구간	조사대상면적	표본구간
2,500㎡ 미만	4	7,500㎡ 이상 10,000㎡ 미만	7
2,500㎡ 이상 5,000㎡ 미만	5	10,000㎡ 이상	8
5,000㎡ 이상 7,500㎡ 미만	6	-	

8 생산비보장방식 (고추, 메밀, 브로콜리, 배추, 무, 단호박, 파, 당근, 시금치)

피해면적	표본구간(이랑)수
3,000㎡ 미만	4
3,000㎡ 이상 7,000㎡ 미만	6
7,000㎡ 이상 15,000㎡ 미만	8
15,000㎡ 이상	10

9 종합위험방식 과수 품목(유자)

조사대상주수	표본주수	조사대상주수	표본주수
50주 미만	5	200주 이상 500주 미만	8
50주 이상 100주 미만	6	500주 이상 800주 미만	9
100주 이상 200주 미만	7	800주 이상	10

PART 2
손해평가사 2차 시험

기초 이해 문제 100선

01 종합위험 수확감소보장의 ①피해율 및 ②보험금 산정식을 쓰시오.

답란

✓ 정답

① 피해율=(평년수확량-수확량-미보상감수량)÷평년수확량 또는 {평년수확량-(수확량+미보상감수량)}÷평년수확량
② 보험금=보험가입금액×(피해율-자기부담비율)

해 피해율 산출식을 통해 수확 감소의 의미를, 보험금 산정식을 통해 피해액(손해액)의 의미를 이해함이 중요하다.

02 다음은 농작물재해보험에서 정하는 미보상감수량의 정의이다. (   )를 알맞게 채우시오.

보상하는 손해 이외의 원인으로 수확량이 감소되었다고 평가되는 부분을 말하며, (①)·(②) 등으로 인한 수확 감소량으로서 피해율 산정 시 감수량에서 (③)한다.

답란

✓ 정답

① 계약 당시 이미 발생한 피해   ② 제초상태 불량   ③ 제외

03 적과전 종합위험보장Ⅱ에서 '적과 종료 이전 특정위험 5종 한정 보장 특별약관' 가입 시 보상하는 재해를 모두 쓰시오.

답란

✓ **정답**

태풍(강풍), 화재, 지진, 집중호우, 우박

해 적과 종료 이전은 기본적으로 종합위험이지만, 해당 특약에 가입하면 특정위험으로 각 담보조건 충족에 주의해야 한다.

04 다음은 농작물재해보험 종합위험 수확감소보장의 가입수확량에 관한 내용이다. ( )를 알맞게 채우시오.

- 정의 : 보험에 가입한 수확량으로 (①)의 일정 범위 내에서 계약자가 결정하는 수확량이다.
- 산출 방법 : (①)의 (②)사이 범위에서 보험계약자가 결정한다.

답란

✓ **정답**

① 평년수확량   ② 50%~100%

05 농작물재해보험에서의 다음 용어의 정의를 쓰시오.

① 실제결과주수(실제결과나무수)

② 미보상주수(미보상나무수)

③ 고사주수(고사나무수)

④ 수확불능주수(수확불능나무수)

⑤ 조사대상주수(조사대상나무수)

답란

✓ 정답

① 가입 일자를 기준으로 농지(과수원)에 식재된 모든 나무 수를 의미한다. 다만, 인수조건에 따라보험에 가입할 수 없는 나무(유목 및 제한 품종 등) 수는 제외

② 실제결과나무수 중 보상하는 손해 이외의 원인으로 고사되거나 수확량(착과량)이 현저하게 감소된 나무 수

③ 실제결과나무수 중 보상하는 손해로 고사된 나무 수

④ 실제결과나무수 중 보상하는 손해로 보험 기간 내 수확이 불가능하나 나무가 죽지는않아 향후에는 수확이 가능한 나무 수

⑤ 실제결과나무수에서 고사나무수, 미보상나무수 및 수확완료나무수, 수확불능나무수를 뺀 나무 수로 과실에 대한 표본조사의 대상이 되는 나무 수

해 매우 중요한 정의이므로 확실하고 정확하게 암기해야 한다.

06 농작물재해보험에서 다음이 정의하는 용어를 쓰시오.

> ① 하나의 보험가입금액에 해당하는 농지 또는 과수원에서 경작한 전체 목적물(수확물)의 특성 또는 수확량을 잘 나타낼 수 있는 일부의 목적물(수확물)을 표본으로 추출하여 조사하는 것
>
> ② 해거리를 방지하고 안정적인 수확을 위해 알맞은 양의 과실만 남기고 나무로부터 과실을 따버리는 것
>
> ③ 실제경작면적 중 목적물 외에 타작물이 식재되어 있거나 보상하는 재해 이외의 원인으로 수확량이 현저하게 감소된 면적

답란

✓ 정답

① 표본조사   ② 적과   ③ 타작물 및 미보상면적

07 농작물재해보험에서의 '80% 피해형 작물'의 정의를 쓰시오.

답란

✓ 정답

보상하는 재해로 인해 피해가 발생하여 일반 시장 출하가 불가능하나, 가공용으로는 공급될 수 있는 작물을 말하며, 가공공장 공급 및 판매 여부와는 무관하다.

해 50%, 80%, 100% 피해형 작물 및 정상 작물의 정의와 '과실 분류에 따른 피해인정계수'의 용도와 정의를 확실하게 이해해야 한다.

08 농작물재해보험에서의 손해평가를 위해 실시되는 조사로서 다음이 의미하는 조사의 이름을 쓰시오.

> - 사고가 접수된 농지 모두에 대하여 실시하는 조사
> - 사고접수 직후 실시
> - 보상하는 재해로 인한 피해 여부 확인
> - 추가 조사(**예** 수확량 조사) 필요 여부 판단

답란

✓ 정답

피해사실 확인조사

해 피해사실 확인조사를 실시하는 이유를 이해해야 한다.

09 ① 적과전 종합위험보장Ⅱ의 적과후착과수 조사와 ② 종합위험 수확감소보장(포도·복숭아·자두·감귤(만감류))의 (수확 전) 착과수조사의 조사대상주수 산출 방법을 쓰시오.

답란

✓ 정답

① 조사대상주수=실제결과주수-미보상주수-고사주수-수확불능주수
② 조사대상주수=실제결과주수-미보상주수-고사주수

해 ・수확불능주수는 적과전 종합위험보장Ⅱ에서만 인정된다.
　　・조사 시점에 따라 수확완료주수(기수확주수) 반영 여부가 달라진다.

10 농작물재해보험의 나무손해보장 특별약관에서 인정하는 피해 나무는?

✓ **정답**

고사나무(고사주수)

해 • 적과전 종합위험보장Ⅱ의 착과감소보험금 산정에도 나무피해율이 필요한 경우가 있다. 이 때의
  나무피해율은 나무피해로 인한 과실의 피해(착과의 감소)를 산출하기 위한 것이다. 인정되는 피해의 범위도
  다르다.
 • 나무손해보장 특별약관에서의 피해율은 나무피해 자체를 산출하기 위한 것이다.

11 농작물재해보험의 나무손해보장 특별약관에 가입한 농지 중 사고 접수된 농지에 실시하는
　①조사의 종류(명칭)과 ②조사 시점은?

✓ **정답**

① 고사나무조사
② 수확 완료 시점 이후에 실시하되, 나무손해보장 특약 종료 시점을 고려하여 결정한다.

12 보상하는 재해로 과실에 발생할 수 있는 피해의 유형(감수량의 종류)을 쓰시오.

✓ **정답**

착과피해, 낙과피해, 나무피해로 인한 과실 피해 또는 착과감수량, 낙과감수량, 나무피해감수량

해
- 발생한 피해의 유형을 보고 보험금 산정을 위해 산출해야 하는 감수량의 종류 및 산출식을 연상하는 습관을 들여야 한다.
- 적과전 종합위험보장Ⅱ에서는 단감, 떫은 감 품목의 낙엽피해도 인정한다.

13 종합위험 수확감소보장 논작물(밭작물)에서 보상하는 재해로 인한 식물체 피해율의 65% 이상인 경우 지급하는 보험금은?

✓ **정답**

경작불능보험금

해
- 경작불능조사는 주로 논작물과 밭작물에서 이뤄진다.
- 과수·과실 중에서는 복분자가 유일하게 경작불능보험금을 지급 할 수 있는 품목이다.

14 종합위험 수확감소보장 논작물(밭작물)의 수확량 조사의 조사 시기를 쓰시오.

답란

✓ **정답**

수확 직전

해 · 수확량 조사의 의미를 생각해야 한다. 수확할 수 있는 시기에 조사가 가능함은 당연하다. 피해사실확인조사 이후 보상하는 재해로 인한 피해가 확인되면 수확 직전까지 기다린 후에 조사를 실시한다.
· 밭작물의 경우 품목별 보다 구체적인 수확량조사 적기가 정해져 있다.

15 종합위험 수확감소보장 논작물(밭작물)의 조사대상면적 산출 방법은?

답란

✓ **정답**

조사대상면적=실제경작면적-수확불능(고사)면적-타작물 및 미보상 면적-기수확면적

해 적과전 종합위험보장 II의 '수확불능주수'와 종합위험 수확감소보장 논작물(밭작물)의 '수확불능면적'에서의 '수확불능'은 다른 의미이다.

16 농작물재해보험에서 미보상비율 적용 사유를 모두 쓰시오. 단, 감자·고추를 제외한 품목의
미보상비율이다.

✓ **정답**

제초상태, 병해충 상태, 기타

해 • 감자, 고추 품목은 주계약(보통약관)에서 병해충을 보장한다.
　 • 벼 품목은 특별약관에서 7종 병해충을 보장함에 주의한다.

17 농작물재해보험에서 다음과 같이 조사된 경우 미보상비율의 상태 구분과 비율(%)의 최대값
또는 최소값(정수 단위)을 각각 쓰시오.

> ① 잡초 또는 병해충이 농지 면적의 20% 미만으로 분포한 경우 (최소값)
> ② 잡초 또는 병해충이 농지 면적의 40% 이상 60% 미만으로 분포한 경우 (최대값)
> ③ 영농기술 부족, 영농상 실수 및 단순 생리 장애 등 보상하는 손해 이외의 사유로 피해가 발생한
> 　것으로 추정되어 이로 인한 피해가 20% 이상으로 판단되는 경우 (최소값)

✓ **정답**

① 해당 없음. 0%　② 불량. 19%　③ 매우 불량. 20%

해 제초상태·병해충 상태와 기타는 적용 기준이 다름에 주의한다.

18 농작물재해보험 '품목별 표본주수 표'에서 사과, 배, 단감, 떫은 감 품목과 동일한 방법으로 표본주수를 산정하는 품목을 모두 쓰시오.

✓ **정답**

포도(수입보장 포함), 복숭아, 자두, 감귤(만감류), 밤, 호두, 무화과

19 농작물재해보험 '과실 분류에 따른 피해인정계수'에서 분류하는 과실의 유형은? 단, 감귤(온주밀감류) 및 복숭아 이외의 품목을 기준으로 한다.

✓ **정답**

정상 과실, 50%·80%·100% 피해형 과실

20 농작물재해보험 '과실 분류에 따른 피해인정계수'에서 50% 형 피해 과실의 ①피해인정계수와 ②정의를 쓰시오.

✓ **정답**

① 0.5
② 일반시장에 출하할 때 정상과실에 비해 50% 정도의 가격 하락이 예상되는 품질의 과실(단, 가공공장 공급 및 판매 여부와 무관)

21 농작물재해보험 종합위험 수확감소보장의 인수 관련 수확량의 종류를 모두 쓰시오.

✓ **정답**

표준수확량, 평년수확량, 가입수확량

해 이 수확량들의 관계 및 인수 관련 수확량으로 불리우는지를 이해해야 한다.

22 농작물재해보험에 가입한 사과 품목의 품목별 표본주(구간)수 표에서 정한 조사대상주수에 따른 최소 표본주수를 쓰시오.

> ① 조사대상주수 90주　② 조사대상주수 160주　③ 조사대상주수 280주

√ 정답

① 6주　② 8주　③ 주

 '사과, 배, 단감, 떫은 감, 포도(수입보장 포함), 복숭아, 자두, 감귤(만감류), 밤, 호두, 무화과'의 조사대상주수에 따른 표본주수는 표가 제시되지 않아도 알 수 있어야 한다.

23 농작물재해보험 과수 파트에서 조사 시점 과수원의 총 착과수를 의무조사 하는 보장방식, 품목 및 조사 종류(명칭)을 모두 쓰시오. (예 ** 보장 - ** 품목 - ** 조사)

√ 정답

① 적과전 종합위험보장 II - 사과, 배, 단감, 떫은 감 품목 - 적과후 착과수 조사
② 종합위험 수확감소보장 - 포도, 복숭아, 자두, 만감류 - (수확 전) 착과수조사
③ 농업수입안정보장 - 포도 - (수확 전) 착과수조사

24 다음 용어의 정의를 쓰시오.

> ① 적과 ② 농지 ③ 평년수확량 ④ 가입수확량

✓ **정답**

① 적과: 해거리를 방지하고 안정적인 수확을 위해 알맞은 양의 과실만 남기고 나무로부터 과실을 따버리는 것
② 농지: 한 덩어리의 토지의 개념으로 필지(지번)에 관계없이 실제 경작하는 단위로 보험가입의 기본 단위임. 하나의 농지가 다수의 필지로 구성될 수도 있고, 하나의 필지(지번)가 다수의 농지로 구분될 수도 있음
③ 평년수확량: 가입년도 직전 5년 중 보험에 가입한 연도의 실제 수확량과 표준수확량을 가입 횟수에 따라 가중 평균하여 산출한 해당 농지에 기대되는 수확량
④ 가입수확량: 보험 가입한 수확량으로 평년수확량의 일정 범위(50%~100%) 내에서 보험계약자가 결정한 수확량으로 가입금액의 기준

25 적과후 착과수 조사의 나무조사의 결과가 다음과 같은 경우 ①<u>조사대상주수</u>를 구하고, ②<u>품목별 표본주수표에 따른 최소 표본주수</u>를 쓰시오.

> 실제결과주수 200주, 미보상주수 5주, 수확불능주수 15주, 고사주수 10주

✓ **정답**

① 조사대상주수=200-5-15-10=170주
② 최소 표본주수 8주

26 ①종합위험 동상해의 정의와 ②적과전 종합위험보장Ⅱ의 가을동상해의 정의를 쓰시오.

답란

✓ **정답**

① 서리 또는 기온의 하강으로 인하여 농작물 등이 얼어서 발생하는 피해

② 서리 또는 기온의 하강으로 인하여 과실 또는 잎이 얼어서 생기는 피해를 말하며, 육안으로 판별 가능한 결빙 증상이 지속적으로 남아 있는 경우에 피해를 인정. 잎 피해는 단감, 떫은감 품목에 한하여 10월 31일까지 발생한 가을동상해로 나무의 전체 잎 중 50% 이상이 고사한 경우에 피해를 인정

27 적과전 종합위험보장Ⅱ의 적과 종료 이후의 특정위험의 종류를 모두 쓰시오.

답란

✓ **정답**

특정위험 7종. 태풍(강풍), 화재, 지진, 집중호우, 우박, 일소, 가을동상해

해 적과전 종합위험보장Ⅱ의 특정위험 : 적과 종료 전의 5종과 적과 종료 후의 7종에서 동일한 재해의 담보조건은 같다.

28 「농업재해보험·손해평가의 요령」에서 정한 보상하지 않는 손해이다. (　　　)를 알맞게 채우시오.

- 계약자, 피보험자 또는 이들의 법정대리인의 (　①　)로 인한 손해
- 수확기에 (　②　)의 고의 또는 중대한 과실로 수확하지 못하여 발생한 손해
- 제초작업, 시비관리 등 (　③　)을 하지 않아 발생한 손해
- 원인의 직·간접을 묻지 않고 (　④　)으로 발생한 손해
- 하우스, 부대시설 등의 (　⑤　)로 생긴 손해

✓ **정답**

① 고의 또는 중대한 과실　② 계약자 또는 피보험자　③ 통상적인 영농활동　④ 병해충　⑤ 노후 및 하자

29 다음과 같은 조건에서 종합위험 수확감소보장의 보험가입금액을 구하시오.

① 평년수확량 2,000kg, 가입비율 100%, 가입가격 2,000원/kg

② 평년수확량 5,000kg, 가입비율 50%, 가입가격 3,000원/kg

✓ 정답

① 보험가입금액=2,000×2,000=4,000,000원

② 보험가입금액=(5,000×0.5)×2,000=5,000,000원

해 종합위험 수확감소보장 가입수확량: 평년수확량의 50~100% 범위 내에서 10% 단위로 계약자가 결정

---

30 농작물재해보험 보험료의 구성에 관한 다음 물음에 답하시오.

> **물음1]** 영업보험료＝순보험료+(①). ①에 알맞은 보험료와 그 정의를 쓰시오.
>
> **물음2]** 영업보험료 200,000만원, 순보험료 180,000원. 물음 1]의 보험료를 구하시오.
>
> **물음3]** 영업보험료율 : 10%, 순보험료율 : 영업보험료의 90%. 순보험료율을 구하시오.

답란

✓ 정답

① 부가보험료. 보험회사의 경비 등으로 사용되는 보험료

② 부가보험료=영업보험료-순보험료=200,000-180,000=20,000원

③ 순보험료율=0.1×0.9=9%

해
- 영업보험료 계산 : 보험가입금액×영업보험료율×각종 할인·할증률
- 순보험료 계산 : 보험가입금액×순보험료율×각종 할인·할증률
- 부가보험료 계산 : 보험가입금액×부가보험료율×각종 할인·할증률
- 영업보험료 대비 비율로도 각 보험료율을 알 수 있다.

31 농작물재해보험에서의 지원보험료에 관한 다음 물음에 답하시오.

> **물음 1]** 정부보조보험료는 (①)와 부가보험료의 (②)를 지원한다.
>
> - 보험가입금액 20,000,000원, 영업보험료율 9%, (순보험료는 영업보험료의 90%), 지자체 지원율 40%, 이외 보험료에 적용하는 다른 항목 없음)
>
> **물음 2]** 정부 지원보험료 총액을 구하시오.
>
> **물음 3]** 지자체 지원보험료 총액을 구하시오.
>
> **물음 4]** 지원보험료 총액을 구하시오.
>
> **물음 5]** 계약자부담 보험료를 구하시오.

✓ 정답

1. ① 순보험료의 50%, ② 100%
2. 정부 지원보험료 총액
   ① 풀이 1: 810,000+180,00=990,000원
   - 영업보험료=20,000,000×0.09=1,800,000원
   - 순보험료의 50%=1,800,000×0.9×0.5=810,000원
   - 부가보험료의 100%=1,800,000×0.1=180,000원
   ② 풀이 2: (20,000,000×0.09×0.9×0.5)+(20,000,000×0.09×0.1)=990,000원
   - 순보험료율=영업보험료율 9%의 90%=0.09×0.9, 부가보험료율=영업보험료율 9%의 10%=0.09×0.1
   - 영업보험료율=(0.09×0.9)+(0.09×0.1)=9%
   - 순보험료의 50%=20,000,000×0.09×0.9×0.5=810,000원
   - 부가보험료의 100%=20,000,000×0.09×0.1=180,000원
3. 20,000,000×0.09×0.9×0.4=648,000원
4. 지원보험료 총액=990,000+648,000=1,638,000원
5. 계약자부담 보험료
   ① 풀이 1: 1,800,000-1,638,000=162,000원
   ② 풀이 2: 20,000,000×0.09×0.9×(1-0.09)=162,000원

- 지자체 지원 보험료 총액: 부가보험료의 100%를 정부가 지원하므로, 지자체 지원보험료율은 순보험료 대비 지원율이다.
- 계약자부담 보험료: 풀이 1=영업보험료-지원보험료 총액, 풀이 2=순보험료-순보험료 중 지원보험료 총액 (정부+지자체). 순보험료율×(1-순보험료 대비 지원보험료율 합계). 풀이 2에 익숙해져야 계산에 편리하다.

32 농작물재해보험의 품목별 보험료 계산 시 적용되는 할인율의 종류를 2개 이상 쓰시오.

✓ 정답

가입연수 및 손해율에 따른 할인할증률, 방재시설 할인율, 부보장 특별약관 할인율 등

33 보험가입금액 3,000만원, 자기부담비율 15%인 경우 지급보험금의 최대한도를 구하시오.

✓ **정답**

30,000,000×(1-0.15)=25,500,000원

[해] 최대 지급보험금 한도 = 보험가입금액×(1 - 자기부담비율) ← 피해율이 100%인 경우

34 농작물재해보험의 일반적인 자기부담비율의 분류를 쓰시오.

✓ **정답**

10%, 15%, 20%, 30%, 40% 형

[해] 일부 품목 또는 보장방식은 다르기도 하다.

35 평년수확량의 ①<u>산출식</u>과 ②<u>각 항목</u>을 쓰시오.

답란

✓ **정답**

1. 산출식 $= \left\{ A + (B - A) \times (1 - \dfrac{Y}{5}) \right\} \times \dfrac{C}{B}$

2. 각 항목
   ① A(과거평균수확량) $= \sum ($과거 5년간 수확량$) \div Y$
   ② B(과거평균표준수확량) $= \sum ($과거 5년간 수확량$) \div Y$
   ③ C(표준수확량) $=$ 가입하는 해의 표준수확량
   ④ Y $=$ 과거수확량 산출년도 횟수(가입 횟수)

해 일부 품목 또는 보장방식은 다르기도 하다.

36 보험에 가입했던 다음 각 해의 과거수확량을 구하시오.

① 2022년 : 평년수확량 1,000kg, 표준수확량 900kg, 조사수확량 700kg

② 2023년 : 평년수확량 3,000kg, 표준수확량 3,100kg, 조사수확량 – (무사고)

③ 2024년 : 평년수확량 1,000kg, 표준수확량 900kg, 조사수확량 400kg

✓ 정답

① 2022년: max(1,000×0.5, 700)=700kg
② 2023년: max(3,000, 3,100)×1.1=3,410kg
③ 2024년: max(1,000×0.5, 400)=500kg

해
- 과거수확량(a)값들의 평균값 = A
- 조사수확량 : 있음 = 유사고, 없음 = 무사고
- 무사고인 해의 과거수확량(a) = max(표준수확량, 평년수확량) × 110%
- 유사고인 해의 과거수확량(a) = max(조사수확량, 평년수확량 × 50%)

37 다음 조건을 바탕으로 착과수를 구하시오.

- 실제결과주수 200주, 미보상주수 5주, 고사주수 10주, 수확불능주수 20주
- 표본주당 착과수 합계 100개

답란

✓ **정답**

1. 조사대상주수=200-5-10-20=165주
2. 착과수=165×100=16,500개

 • 의무조사 : 적과전 종합위험보장Ⅱ의 적과후 착과수, 종합위험 수확감소보장 포도·복숭아·자두·만감류의
수확 전 착과수, 농업수입안정보장 포도의 수확 전 착과수
• 착과감수과실수(감수량)의 대상이 되는 착과수(착과피해과실수)

38 다음 조건을 바탕으로 착과수를 구하시오. (최소 표본주수 조사)

- 품목 배, 실제결과주수 200주, 미보상주수 5주, 고사주수 10주, 수확불능주수 20주
- 표본주 착과수 합계 960개

답란

√ **정답**

1. 조사대상주수=200-5-10-20=165주
2. 최소 표본주수 8주
3. 표본주당 착과수=960÷8=120개
4. 착과수=165×120=19,800개

해 사과, 배, 단감, 떫은 감, 포도(수입보장 포함), 복숭아, 자두, 감귤(만감류), 밤, 호두, 무화과 : 동일한 품목별 표본주수 표를 적용한다.

39 농작물재해보험에서 ①피해과실수와 ②감수과실수를 설명하시오.

답란

✓ **정답**

1. 피해과실수: 보상하는 재해로 피해입은 모든 과실수
2. 감수과실수: 피해과실수 중 손해가 인정되는 비율만큼의 과실수로 회사가 보상하는 과실수. 보험금 지급 대상이 되는 과실수

해 · 감수과실수 = 피해과실수 중 피해구성률만큼
· 예 착과피해과실수 × 착과피해구성률

40 다음 조건에서 낙과피해구성률을 산출하시오.

정상 과실수	50% 피해형	80% 피해형	100% 피해형
10개	20개	30개	40개

답란

✓ **정답**

1. 낙과피해구성률 $= \dfrac{20 \times 0.5 + 30 \times 0.8 + 40 \times 1.0}{100} = 74\%$

해 착과피해구성률의 계산방법도 동일하다.

41 다음 조건에서 낙과감수량을 산출하시오. (%는 소수점 셋째 자리, 감수량은 소수점 첫째 자리에서 반올림)

- 낙과수(전수조사) 1,200개, 개당 과중 300g/개

정상 과실수	50% 피해형	80% 피해형	100% 피해형
0개	20개	0개	40개

✓ **정답**

1. 낙과피해구성률$= \dfrac{20 \times 0.5 + 40 \times 1.0}{60} = 83.33\%$

2. 낙과감수량$=1,200 \times 0.8333 \times 0.3 = 300kg$

해 착과피해구성률의 계산방법도 동일하다.

42 다음 조건에서 착과감수량을 산출하시오. (%는 소수점 셋째 자리, 감수량은 소수점 첫째 자리에서 반올림)

- 품목 자두
- 착과수(표본조사. 최소 표본주수 조사): 조사대상주수 320주, 표본주 착과수 합계 1,500개, 개당 과중 100g/개

정상 과실수	50% 피해형	80% 피해형	100% 피해형
10개	10개	20개	20개

답란

√ 정답

1. 조사대상주수 320주 → 최소 표본주수 10주
2. 표본주당 착과수=1,500÷10=150개
3. 착과수=320×150=48,000개
4. 착과피해구성률=$\dfrac{10 \times 0.5 + 20 \times 0.8 + 20 \times 1.0}{60}$ = 63.33%
2. 착과감수량=48,000×0.6333×0.1=3,040kg

해 낙과감수량의 계산방법도 동일하다.

43 다음 조건에서 나무손해보험금을 산출하시오. (%는 소수점 셋째 자리에서 반올림)

- 가입주수(실제결과주수) 250주, 가입가격 100,000원/주
- 조수해로 수확불능인 나무 5주, 화재로 인한 고사한 나무 20주, 조수해로 고사한 나무 6주, 냉해로 로 고사한 나무 4주, 병충해로 고사한 나무 3주, 건조해(한해)로 수확불능인 나무 7주

✓ 정답

1. 보험가입금액=250×100,000=25,000,000원
2. 피해율=(20+6+4)÷250=12%
3. 보험금=25,000,000×(0.12-0.05)=1,750,000원

해 · 나무손해보장의 보상하는 재해는 자연재해, 조수해, 화재이다.
　　· 모든 나무손해보장 특별약관의 자기부담비율은 5%로 동일하다.

44 수확감소보장에 가입한 품목에 관한 다음과 같은 조건에서 ①실제 수확감소량, ②미보상감수량, ③보험금 지급 대상인 수확감소량 및 ④피해율을 구하시오.

- 평년수확량 4,000kg
- 수확량조사 : 조사수확량 2,200kg, 미보상비율 10%

✓ **정답**

1. 실제 수확감소량=4,000-2,200=1,800kg
2. 미보상감수량=(4,000-2,200)×0.1=180kg
3. 보험금 지급 대상인 수확감소량=4,000-2,200-180=1,620kg
4. 피해율=(4,000-2,200-180)÷4,000=40.5%

 미보상감수량: 보장 대상인 손해 중 보상하는 손해 이외의 원인에 의한 비율만큼 보상하지 않는 양

45 다음 각 미보상사유 및 조사 결과에 해당하는 미보상비율을 쓰시오.

① 제초상태: 해당 없음

② 제초상태: 매우 불량 (정수 단위 최저비율)

③ 병해충 상태: 병해충이 농지 면적의 20% 이상 40% 미만으로 분포한 경우 (정수 단위 최대비율)

④ 기타: 기타 사유로 인한 피해가 20% 미만으로 판단되는 경우 (정수 단위 최대비율)

답란

✓ **정답**

1. 0%
2. 20% (매우 불량: 미보상비율 20% 이상)
3. 9% (잡초·병해충 20% 이상 40% 미만=미흡: 미보상비율 10% 미만)
4. 19% (기타 사유로 피해가 20% 미만=불량: 미보상비율 20% 미만)

• 미보상비율: 미보상비율과 잡초·병해충의 농지 분포 비율 또는 기타 사유로 인한 피해 비율을 구분한다.

• 미보상사유: 제초상태·병해충상태 및 기타 사유에서의 위의 비율과 미보상비율 적용의 차이점을 구분한다.

• 미보상비율 구분(해당 없음 - 미흡 - 불량 - 매우 불량)과 그에 따른 미보상비율을 매칭한다.

46 다음 조건에서 착과감소량을 산출하시오. 단 적과 종료 이전 종합위험을 기준으로 한다.

- 평년착과수 100,000개
- 적과후착과수 80,000개
- 가입 과중 350g/개

답란

✓ 정답

(100,000−80,000)×0.35=7,000kg

해 착과감소량 = 평년착과량 − 적과후착과량 = (평년착과수 − 적과후착과수) × 가입 과중

47 다음 조건에서 착과감소보험금을 산출하시오. 단 적과 종료 이전 종합위험을 기준으로 한다.

- 평년착과수 60,000개, 가입 과중 0.2kg/개, 가입가격 5,000원/kg
- 적과후착과수 35,000개 (적과 종료 전 보상하는 재해 발생)
- 미보상감수량 500kg, 자기부담감수량 1,200kg
- 착과감소보험금 보장수준 70%

답란

✓ 정답.

1. 착과감소량=(60,000-35,000)×0.2=5,000kg
2. 착과감소보험금=(5,000-500-1,200)×5,000×0.7=11,550,000원

해 착과감소량 = (착과감소량-미보상감수량-자기부담감수량)×가입가격×착과감소보험금 보장수준(50% 또는 70%)

48 다음 조건에서 적과전 종합위험보장Ⅱ의 보험가입금액을 산출하고, 지급보험금의 최대한도를 구하시오.

- 평년착과수 50,000개, 가입 과중 0.2kg/개, 가입가격 5,000원/kg, 자기부담비율 20%

답란

✓ 정답

1. 보험가입금액=50,000×0.2×5,000=50,000,000원
2. 지급보험금의 최대한도=50,000,000×(1-0.2)=40,000,000원

해 ㆍ평년착과량의 100%를 가입수확량으로 결정한다.
　ㆍ수확감소보장의 가입수확량(평년수확량의 50~100%)과 기준이 다르다.

 적과 종료 이전의 보상하는 재해로 인한 착과감소과실수의 유무에 따른 기준착과수 산출 방법을 쓰시오.

✓ **정답**

① 적과 종료 전에 인정된 착과감소과실수가 없는 과수원: 기준착과수=적과후착과수
② 적과 종료 전에 인정된 착과감소과실수가 있는 과수원: 기준착과수=적과후착과수+착과감소과실수

50 평년착과량의 용도를 쓰시오.

✓ **정답**

보험가입금액(가입수확량)의 결정 및 '적과 종료 전 보험사고 시' 감수량 산정을 위한 기준으로 활용

해 평년수확량의 용도와의 차이점에 주의한다.

51 다음 조건에서 기준착과수를 구하시오.

- 평년착과수 50,000개
- 적과후착과수 40,000개, 적과 종료 전 보상하는 재해 발생

답란

√ **정답**

1. 착과감소과실수=50,000-40,000=10,000개
2. 기준착과수=40,000+10,000=50,000개

해 적과 종료 전 보상하는 재해 발생 O : 기준착과수 = 적과후착과수 + 착과감소과실수

52 다음 조건에서 기준수확량을 구하시오.

- 평년착과수 50,000개
- 적과후착과수 40,000개, 적과 종료 전 보상하는 재해 확인되지 않음
- 가입 과중 0.2kg/개

답란

√ **정답**

기준수확량=40,000×0.2=8,000kg

해 적과 종료 전 보상하는 재해 발생 ✕ : 기준착과수 = 적과후착과수

53 다음 조건에서 적과전 종합위험보장 II 의 미보상감수량을 구하시오.

- 평년착과수 30,000개, 실제결과주수 150주, 가입과중 0.25kg
- 적과후착과수 18,000개, 적과 종료 전 보상하는 재해 발생
- 미보상비율 10%, 미보상주수 5주

✓ 정답

1. 착과감소과실수=30,000-18,000=12,000개
2. 주당 평년착과수=30,000÷150=200개
3. 미보상감수량={(12,000×0.1)+(5×200)}×0.25=550kg

해 미보상감수량 = {(착과감소과실수 × 미보상비율) + (주당 평년착과수 × 미보상주수)} × 가입과중

54 다음 조건에서 적과전 종합위험보장 II 의 자기부담감수량을 구하시오.

- 평년착과수 30,000개, 실제결과주수 150주, 가입과중 0.25kg, 자기부담비율 20%
- 적과후착과수 18,000개, 적과 종료 전 보상하는 재해 발생

✓ 정답

1. 착과감소과실수=30,000-18,000=12,000개
2. 기준착과수=18,000+12,000=30,000개
3. 자기부담감수량=(30,000×0.2)×0.25=1,500kg

해 자기부담감수량＝(기준착과수×자기부담비율)×가입 과중

---

55 다음 조건에서 적과전 종합위험보장Ⅱ의 ①<u>가입수확량</u>과 ②<u>적과후착과량</u>을 산출하시오.

- 평년착과수 40,000개, 가입 과중 350g/개
- 조사대상주수 200주, 표본주당 착과수 120개 (적과후착과수 조사)

답란

✓ 정답

① 가입수확량=40,000×0.35=14,000kg
② 적과후착과수=200×120=24,000개, 적과후착과량=24,000×0.35=8,400kg

56 다음 조건에서 적과전 종합위험보장Ⅱ의 적과후착과수를 산출하시오.

- 실제결과주수 150주, 미보상주수 10주, 고사주수 7주, 수확불능주수 5주
- 표본주당 착과수 100개

✓ 정답

1. 조사대상주수=150-10-7-5=128주
2. 적과후착과수=128×100=12,800개

 모든 '착과수' 계산 방법은 동일하다.

57 다음 조건에서 적과전 종합위험보장Ⅱ의 적과후착과량을 산출하시오.

- 가입 일자를 기준으로 농지(과수원)에 식재된 모든 나무 수: 250주
- 실제결과나무수 중 보상하는 손해로 고사된 나무 수: 8주
- 실제결과나무수 중 보상하는 손해로 보험기간 내 수확이 불가능하나 나무가 죽지는 않아 향후에는 수확이 가능한 나무 수: 14주
- 실제결과나무수 중 보상하는 손해 이외의 원인으로 고사된 나무 수: 6주
- 표본주당 착과수 110개
- 가입 과중 400g/개

답란

✓ 정답

1. 조사대상주수=250-8-14-6=222주
2. 적과후착과량=(222×110)×0.4=9,768kg

해 • 실제결과나무수 중 보상하는 손해 이외의 원인으로 고사된 나무 수=미보상주수
 • 적과전 종합위험보장Ⅱ의 미보상주수 유형에 주의한다.

58 다음 조건에서 적과전 종합위험보장 II 의 착과감소보험금을 산정하시오. (단, 소수점 첫째 자리에서 반올림해 정수 단위로)

- 평년착과수 36,000개, 실제결과주수 200주, 가입 가격 3,000원/kg, 가입 과중 330g/개, 자기부담비율 10%, 보장 수준 70%
- 적과후착과수 27,000개 (적과 종료 이전 보상하는 재해 발생 확인)
- 미보상주수 25주, 고사주수 10주, 미보상비율 10%

✓ 정답.

1. 착과감소과실수=36,000-27,000=[2]9,000개, [1]착과감소량=9,000×0.33=2,970kg
2. 미보상감수량={([2]9,000×0.1)+([3]180×25)}×0.33=1,782kg
   - [3]주당 평년착과수=36,000÷200=180개
3. 기준착과수=27,000+[2]9,000=[4]36,000개
4. 자기부담감수량=[4]36,000×0.1×0.33=1,188kg
5. 착과감소보험금=([1]2,970-1,782-1,188)×3,000×0.7=0원

해
- 적과후착과수가 조건에 제시되어 있는 경우 : 조사대상주수 또는 표본주당 착과수 등이 있어도 적과후착과수를 산출할 필요가 없다.
- 계산 과정이 번거롭더라도 한 번에 과중을 적용해 '량(量)'으로 산출하는 것보다 착과감소'과실수(數)'를 산출하는 것이 좋다.
- 추후 학습 내용에서는 착과감소과실수 산출 방법이 '특정위험 5종 한정보장 특약'을 가입한 경우 등 여러 가지로 나뉘고 이에 따라 미보상감수과실수, 기준착과수 등이 달라지므로 '수 → 량'으로 익숙해지는 것이 좋다.
- 착과감소보험금 계산 시 순서를 정리한다. 착과감소량 → 미보상감수량 → 기준착과수(기준수확량) → 자기부담감수량 → 착과감소보험금

59 다음 조건에서 적과전 종합위험보장 II 의 착과감소보험금을 산정하시오. (단, 소수점 첫째 자리에서 반올림해 정수 단위)

- 평년착과수 9,000개, 실제결과주수 90주, 가입 과중 300g/개, 가입가격 4,000원/kg
- 착과감소보험금 보장수준 70%, 자기부담비율 10%
- 미보상주수 4주, 고사주수 5주, 수확불능주수 5주 (적과 종료 이전 보상하는 재해(집중호우) 발생 확인)
- 표본주 착과수 합계 420개, 미보상비율 10%

✓ 정답

1. 주당 평년착과수 9,000÷90=100개, 조사대상주수=90-4-5-5=76주, [1]표본주당 착과수=420÷6=70개
2. 적과후착과수=76×70=5,320개
3. 착과감소과실수=9,000-5,320=3,680개, 착과감소량=3,680×0.3=1,104kg
4. 미보상감수과실수=(3,680×0.1)+(100×4)=768개, 미보상감수량=768×0.3=230kg
5. 기준착과수=5,320+3,680=9,000개
6. 자기부담감수량=9,000×0.1×0.3=270kg
7. 착과감소보험금=(1,104-230-270)×4,000×0.7=1,691,200원

[해]
- 적과 종료 이전 보상하는 재해(집중호우)가 있었으므로 착과감소과실수가 인정된다.
- 위와 같은 문제 풀이의 순서를 익혀놓는다.
- [1]품목별 표본주수 표를 보지 않고 표본주수를 적용할 수 있어야 한다.

60 다음 조건에서 적과전 종합위험보장 II의 일소피해로 인한 착과감수과실수를 산출하시오.
(%는 소수점 셋째 자리에서 반올림. 감수과실수는 소수점 이하 버림)

- 적과 종료 이후 일소피해로 인한 착과 피해 발생 ('이전 사고 없음)
- 착과수 1,500개
- 피해구성 : 정상 20개 – 50%형 20개 – 80%형 50개 – 100%형 30개

✓ 정답

1. 착과피해구성률=(20×0.5+50×0.8+30×1.0)÷120=66.67%
2. 착과감수과실수=1,500×0.6667=1,000개

 • '이전 사고 유무'의 조건이 적과 종료 후에서 가장 중요한 개념이다. 이전 사고에서 착과 피해가 있었다면, 이를 중복보상하지 않아야 한다. − maxA의 개념이다.
- 이 과수원에 사고 시점 1,500개의 과실이 착과된 상태로 착과 피해 유발 재해(일소)가 발생했지만, 66.67%인 1,000개의 과실이 보험에서 인정하는 손해이다.

61 다음 조건에서 적과전 종합위험보장Ⅱ의 태풍피해로 인한 낙과감수과실수를 산출하시오.
(%는 소수점 셋째 자리에서 반올림. 감수과실수는 소수점 이하 버림)

- 적과 종료 이후 태풍피해로 인한 낙과 피해 발생 (이전 사고 없음)
- 표본조사: 실제결과수주 100주, 미보상주수 0주, 고사주수 5주, 수확불능주수 4주, 기수확주수 10주
- 표본주당 낙과수 30개, 낙과피해구성률 52%

답란

✓ 정답

1. 조사대상주수=100-0-5-4-10=81주
2. 총 낙과수=81×30=2,430개
3. 낙과감수과실수=2,430×0.52=1,263개

해 적과 종료 이후의 조사대상주수 : 기수확주수(수확완료주수)가 있으면 적용해야 한다. 적과 종료 이후 재해의 발생 시점이 수확이 시작된 이후일 수도 있다.

62 적과 종료 이후 적과전 종합위험보장Ⅱ의 낙과피해감수과실수를 산출하는 대상 재해는?

답란

✓ 정답

태풍(강풍), 화재, 지진, 집중호우 + 우박, 일소

해 적과 종료 이후의 보상하는 손해인 특정위험 7종 중 가을동상해를 제외한다.

63 다음 조건에서 적과전 종합위험보장 II 의 집중호우로 인한 낙과감수과실수를 산출하시오. (%는 소수점 셋째 자리에서 반올림. 감수과실수는 소수점 이하 버림)

- 품목 단감
- 10/1 집중호우 (12시간 누적 강수량 70mm)로 인한 낙과 피해 발생 (이전 사고 없음)
- 전수조사 : 낙과수 800개
- 낙과피해구성율 : 50%

✓ 정답

0개

해 적과 종료 이후(과실손해보험금 대상 기간)은 특정위험 기간이다. 특정위험의 조건을 충족해야 보상하는 손해이다. 12시간 누적강수량 80mm 이상

64 다음 조건에서 적과전 종합위험보장 II 의 낙엽피해감수과실수를 산출하시오. (%는 소수점 셋째 자리에서 반올림. 감수과실수는 소수점 이하 버림)

- 품목 단감
- 8/30 강풍 피해로 인한 낙엽피해 발생(최대 순간 풍속 15m/sec) (이전 사고 없음)
- 표본조사 : 낙엽수 100개, 착엽수 140개, 사고당시 착과수 3,000개
- 경과일수 : 92일
- 미보상비율 : 15%

✓ 정답

1. 낙엽률=100÷240=41.67%
2. 낙엽률에 따른 인정피해율=(1.0115×0.4167)-(0.0014×92)=29.27%
3. 낙엽피해감수과실수=3,000×0.2927×(1-0.15)=746개

해 • 사과, 배 품목은 낙엽 피해를 인정하지 않는다.

• 특정위험 7종 중 태풍(강풍), 화재, 지진, 집중호우만 낙엽 피해를 인정한다.

• 경과일수는 6/1 ~ 사고일자이다.

• 낙엽률에 따른 인정피해율 : 넓은 의미의 착과피해구성율이다. 따라서 착과수에 적용한다.

65 다음 조건에서 적과전 종합위험보장 II 의 나무감수과실수를 산출하시오.

• 10/01 집중호우를 동반한 태풍피해로 나무피해 발생 (이전 사고 없음)

• 고사주수 8주, 수확불능주수 12주

• 무피해나무 1주당 착과수 : 105개

답란

✓ 정답

나무감수과실수=(8+12)×105×[1]1.0=2,100개

해 • [1]나무피해로 인한 과실 피해는 100% 피해형 과실로 분류한다. (피해구성률을 산출하지 않음)

• 나무피해를 인정하는 재해 : 태풍(강풍), 화재, 지진, 집중호우

66 다음 조건에서 적과전 종합위험보장Ⅱ의 나무감수과실수를 산출하시오.

- 10/01 집중호우를 동반한 태풍 피해로 나무피해 발생 (이전 사고 없음)
- 고사주수 8주, 수확불능주수 12주, 일부침수주수 20주
- 무피해나무 1주당 착과수 105개, 일부침수주수 1주당 침수착과수 40개

✓ 정답

나무감수과실수={(8+12)×105×1.0}+(20×40×1.0)=2,900개

해 · (유실, 매몰, 도복, 절단, 소실)로 인한 고사주수 및 수확불능주수의 나무피해 감수과실수 + 일부침수피해로 인한
  일부침수피해 감수과실수
- '무피해나무 1주당 착과수'와 '일부침수주수 1주당 침수착과수'의 적용에 주의한다.

67 다음 조건에서 적과전 종합위험보장Ⅱ의 적과 종료 이후 자기부담감수량 산출하시오.

- 기준착과수 2,000개
- 가입 과중 300g/개, 자기부담비율 20%
- 착과감소량 100kg, 적과 종료 전 미보상감수량 50kg

✓ 정답

1. 이 계약의 총 자기부담감수량=2,000×0.2×0.3=120kg
2. 적과 종료 이후의 자기부담감수량=120-(100-50)=70kg

 적과 종료 이전의 착과감소보험금 산정 시 50kg의 자기부담감수량이 차감되었고, 이후 과실손해보험금에서는 남은 70kg만 차감한다.

---

68 다음 조건에서 적과전 종합위험보장 II 의 과실손해보험금을 산정하시오.

- 착과감소량 100kg
- 적과 종료 이전 미보상감수량 60kg
- 적과 종료 이후 누적 감수량 500kg
- 기준수확량 1,000kg, 가입 가격 3,000원/kg, 자기부담비율 10%

답란

✓ 정답

1. 총 자기부담감수량=1,000×0.1=100kg
2. [1]적과 종료 이후 자기부담감수량=100-(100-60)=60kg
3. 과실손해보험금=(500-[1]60)×3,000=1,320,000원

- [1]과실손해보험금에서 미보상감수량은 적용하지 않는다.
- [3]착과감소량이 존재하지 않는 경우는 [2]자기부담감수량을 그대로 적용하면 된다.
- 착과감소량이 없다는 것은 착과감소보험금이 지급되지 않았다는 것이므로, 이 계약의 [2]자기부담감수량을 그대로 적용한다.

69 다음 조건에서 적과전 종합위험보장 Ⅱ의 과실손해보험금을 산정하시오.

- 가입 과중 400g/개, 가입 가격 3,300원/kg
- 적과 종료 이전 무사고
- 8/01 일소피해로 인한 착과감수과실수 500개
- 9/05 태풍 피해로 인한 낙과감수과실수 700개
- 10/20 화재로 인한 나무피해감수과실수 1,000개
- 기준착과수 2,000개
- 자기부담감수량 80kg

✓ 정답

1. 누적감수과실수=500+700+1000=2,200개 > 기준착과수 2,000개.
2. 누적감수량=[1]2,000×0.4=800kg
3. 과실손해보험금=(800-[2]80)×3,300=2,376,000원

해 • [1]누적감수과실수는 기준착과수를 초과할 수 없다.
   • 적과후착과수 조사 이후 산정된 기준착과수로 가입수확량 및 보험가입금액이 결정된다. 가입된 과실수보다
     피해 입은 과실수가 많을 수는 없다.
   • 적과 종료 이전 무사고이므로 착과감소보험금의 지급이 없었음을 알 수 있다. 따라서 이 계약의
     자기부담감수량을 과실손해보험금에서도 그대로 적용한다.

70 다음 조건에서 종합위험 수확감소보장 포도 품목의 (수확 전) 착과량을 산출하시오.

- 평년수확량 9,000kg, 실제결과주수 150주
- 수확 전 착과수 조사: 미보상주수 15주, 고사주수 25주, 표본조사 - 표본주당 착과수 120개
- 과중 조사: 300g/개

답란

✓ 정답

1. 주당 평년수확량=9,000÷15=60
2. 착과량=(110×120×0.3)+(15×60)=4,860kg

해 (수확 전) 착과량 = (착과수 × 개당 과중) + (미보상주수 × 주당 평년수확량)

71 다음 조건에서 종합위험 수확감소보장 복숭아 품목의 착과감수량을 산출하시오. (kg 단위로 소수점 첫째 자리에서 반올림)

- 착과피해조사 : (이전 사고 없음)
- 실제결과주수 200주, 미보상주수 0주, 고사주수 8주, 기수확주수 30주
- 표본주당 착과수 80개, 착과피해구성율 35%
- 과중 조사 : 320g/개

✓ 정답

1. 조사대상주수=200-0-8-[1]30=162주
2. 착과수=162×80=12,960개
3. 착과감수량=12,960×0.35×0.32=1,452kg

해
- [1]수확 개시 이후의 조사이므로 기수확주수를 차감해야 한다.
- 최초 수확 품종 수확기 직전에 착과수 조사. 이후 사고접수 시 피해조사 실시하므로 수확 개시 이후이다.
- 고사주수는 이전 사고 없음으로 확인되므로 이번 사고로 인한 고사주수이다.
- 나무피해감수량도 산출해야 하지만, 문제에서 요구하는 착과감수량만 산출한다.

72 다음 조건에서 종합위험 수확감소보장 포도 품목의 감수량을 산출하시오. (kg 단위로 소수점 첫째 자리에서 반올림)

- 7/25 집중호우로 인한 사고접수 (이전 사고 없음)
- 착과피해조사 : 표본주당 착과수 80개, 피해구성율 25%
- 낙과피해조사 : 표본주당 낙과수 20개, 피해구성율 50%
- 실제결과주수 100주, 미보상주수 5주, 고사주수 7주, 기수확주수 0주
- 과중 조사 : 300g/개
- 고사분 과실수는 주당 착과수와 낙과수의 합계로 한다.

✓ 정답

1. 조사대상주수=100-5-7-0=88주
2. 착과감수량=88×80×0.25×0.3=528kg
3. 낙과감수량=88×20×0.5×0.3=264kg
4. 나무감수량=7×(80+20)×1.0×0.3=210kg
5. ∑감수량=(착과+낙과+나무)감수량=528+264+210=1,002kg

해 · 피해조사의 종류 및 피해구성률의 유무, 이번 사고로 인한 고사주수 여부를 확인하고 산출해야 하는 감수량의 종류를 확인하는 것이 감수량 산출의 1단계이다.
· 피해조사가 이루어졌어도 피해구성율이 없다면 피해가 없는 것이므로 감수량을 산출하지 않는다.
· 이번 사고로 인한 추가 고사주수가 아니면 나무감수량을 산출하지 않는다.

73 종합위험 수확감소보장에 가입한 과수 품목의 보험금을 산정하시오. (%는 소수점 셋째 자리에서 반올림)

- 보험가입금액 1,000만원
- 평년수확량 3,000kg, 자기부담비율 15%
- 수확량조사 : 수확량 2,000kg,
- 미보상비율 : 잡초가 농지 면적의 60% 이상 분포함 (최저비율 적용)

✓ 정답

1. [1]미보상감수량=(3,000-2,000)×[2]0.2=200kg
2. 피해율=(3,000-2,000-[1]200)÷3,000=26.67% 또는, {3,000-(2,000+200)}÷3,000=26.67%
3. 수확감소보험금=10,000,000×(0.2667-0.15)=1,167,000원

 미보상비율의 적용 사유와 구분 및 비율을 정확하게 알고 있어야 한다.

74 종합위험 수확감소보장 복숭아 품목의 보험금을 산정하시오. (%는 소수점 셋째 자리에서 반올림, 과중은 kg 단위로 소수점 이하에서 반올림. 다른 조건은 고려하지 않는다))

- 평년수확량 3,600kg, 실제결과주수 100주, 보험가입비율 50%, 가입 가격 3,000원/kg, 자기부담비율 20%
- 수확 전 착과수 조사: 미보상주수 5주 확인, 표본주당 착과수 110개
- 9/01 강풍 피해 접수 (이전 사고 없음)
- 과중 조사: 300g/개
- 피해조사: 고사주수 (이번 사고로 인한 고사주수) 10주
  - 표본주당 착과수 90개 착과피해구성율 30%
  - 표본주당 낙과수 15개 낙과피해구성율 60%
- 미보상비율 15%
- 주당 고사분 과실수는 주당 착과수와 낙과수의 합계로 한다.

답란

✓ **정답**

1. (수확 전) 착과량={(100-5)×110×0.3}+(5×[1]36)=3,315kg
2. [2]감수량

　① 착과감수량=(100-5-10)×90×0.3×0.3=689kg

　② 낙과감수량=(100-5-10)×15×0.6×0.3=230kg

　③ 나무감수량=10×(90+15)×1.0×0.3=315kg

　④ ∑감수량=689+230+315=1,234kg

3. 수확량=3,315-1,234=2,081kg
4. [3]미보상감수량=(3,600-2,081)×0.15=228kg
5. 피해율=(3,600-2,081-[3]228)÷3,600=35.86%
6. [4]보험가입금액=(3,600×0.5)×3,000=5,400,000원
7. [5]수확감소보험금=5,400,000×(0.3586-0.2)=856,440원

 · [1]주당 평년수확량 = 3,600 ÷ 100 = 36

　· [2]산출해야 하는 감수량 종류 확인 :

　　－ 착과·낙과피해구성율 있으므로 착과·낙과감수량 산출한다.

　　－ 이번 사고로 인한 고사주수이므로 나무피해감수량을 산출한다.

　· [4]보험가입비율이 50% 이다. 가입수확량 = 평년수확량의 50%

　· 보험가입금액 = 가입수확량 × 가입가격

　· [5]피해율이 자기부담비율을 초과하므로 지급보험금이 있다.

75 수확 전 종합위험 과실손해보장 복분자·무화과 품목의 수확 개시 후 ①<u>보상하는 재해</u>와 ②<u>해당 보험 기간</u>을 모두 쓰시오.

답란

✓ **정답**

① 보상하는 재해: 태풍(강풍), 우박. 특정위험
② 해당 보험 기간
　· 복분자: 이듬해 6/1~수확기 종료 시점 (6/20 초과 불가)
　· 무화과: 이듬해 8/1~수확기 종료 시점 (10/31 초과 불가)

76 종합위험 및 수확 전 종합위험 과실손해보장에 가입한 품목에 관한 내용이다. (　　　)를 알맞게 채우시오.

> • 오디 : (　①　)를 조사하여 (　①　)의 감소를 보상
> • 복분자 : 수확 전과 수확개시 후의 (　②　)를 조사
> • 무화과 : 수확개시 전에는 (　③　)의 감소를 보상, 수확개시 후에는 (　④　)의 피해를 보상
> • 두릅 : 피해 (　⑤　)를 조사

답란

✓ 정답

① 결실수　② 고사결과모지수　③ 수확량　④ 결과지　⑤ 정아지

 품목별로 조사 방법이 다르고, 이에 따라 피해율 산출식이 모두 다르다.

77 종합위험 수확감소보장 논작물에서 병해충을 보상하는 ①품목과 ②보상하는 병해충을 모두 쓰시오.

답란

✓ 정답

① 품목: 벼(조곡)
② 병해충: 흰잎마름병, 벼멸구, 도열병, 줄무늬잎마름병, 깨씨무늬병, 먹노린재, 세균성벼알마름병

78 종합위험 수확감소보장 밭작물(보통약관)에서 병해충을 보장하는 품목을 모두 쓰시오.

✓ **정답**

감자(봄재배, 가을재배, 고랭지재배)

79 종합위험 수확감소보장방식 논작물, 밭작물의 수확량조사에서 조사대상면적 산출 방법을 쓰시오.

✓ **정답**

조사대상면적=실제경작면적-수확불능(고사)면적-타작물 및 미보상 면적-기수확면적

80 종합위험 수확감소보장 고구마 품목의 표본구간 m^2당 수확량을 산출하시오. (kg 단위로 소수점 둘째 자리에서 반올림)

- 표본구간 작물 중량 10kg (이하, 단위 kg)

구분	정상	50% 피해형	80% 피해형	100% 피해형
중량	2	2	3	3

- 표본구간 : 총 7구간, 표본구간 면적 조사 : 이랑 길이 80cm, 이랑 폭 50cm

답란

✓ **정답**

$\{(2+2\times0.5+3\times0.2+3\times0)\}\div(7\times0.8\times0.5)=1.3kg/m^2$

해
- 수확량조사 시 표본구간에서 수확한 작물의 중량 합계는 10kg이지만, 피해 정도를 반영한 표본구간 작물에서 유효한 중량(수확량)은 3.6kg이다. 이 표본구간 수확량을 표본구간 면적 합계로 나눈다.
- 과수와 인정계수의 적용이 반대임에 주의한다.

81 종합위험 수확감소보장방식 감자(가을재배)의 m²당 표본구간 수확량을 산출하시오. 단, 병해충 작물은 없는 것으로 한다. (kg 단위로 소수점 셋째 자리에서 반올림)

- 표본구간 면적 : 이랑길이 1.2m, 이랑폭 0.8m, 8구간
- 표본구간 작물 중량 : 10kg

구분	정상	50% 피해형
중량	4	6

답란

✓ 정답

1. 표본구간 면적=(1.2×0.8)×8=7.68m²
2. 표본구간 수확량=(4+6×0.5)=7kg
3. m²당 표본구간 수확량=7÷7.68=0.91kg

해 • 감자(가을·봄·고랭지재배)는 고구마와 달리 표본구간의 작물을 정상·50% 피해형 및 병해충 작물로 분류한다.
  • 고구마도 동일하였으나, 2021년도 이후 80% 피해형 작물도 분류한다.
  • 이와 같이 작물 분류는 변경될 수 있으므로 이론서에 따라 기본과정에서 익히는 것이 좋다.

82 종합위험 수확감소보장방식 논작물 벼(조곡)의 수확량을 산출하시오. (kg 단위로 소수점 셋째 자리에서 반올림)

- 평년수확량 1,000kg, 실제경작면적 1,200㎡,

- 수확불능면적 200㎡, 타작물 및 미보상면적 100㎡, 기수확면적 300㎡

- 표본구간 유효중량 1,300g

- 표본구간 면적합계 4㎡

답란

✓ 정답

1. 조사대상면적=1,200-200-100-300=600㎡, ㎡당 평년수확량=1000÷1200=0.83kg

2. 표본구간 ㎡당 유효중량=1.3÷4=0.33kg

3. 수확량=[1](0.33×600)+[2](0.83×400)=530kg

해 ・수확감소보장 논·밭작물의 조사수확량 = 조사대상면적의 수확량 + 기타미 면적의 수확량
= (조사대상면적×㎡당 표본구간 수확량) + {(타작물 및 미보상 면적 + 기수확면적)×㎡당 평년수확량}
・[1]조사대상면적에서 수확할 수 있는 유효한 작물 중량 + [2]피해가 없음으로 간주하는 면적에서 수확할 수 있는 작물 중량

83 종합위험 수확감소보장 양배추의 피해율을 산출하시오. (%는 소수점 셋째 자리에서 반올림)

- 평년수확량 2,000kg, 실제경작면적 1,000㎡

- 수확불능면적 100㎡, 타작물 및 미보상면적 0㎡, 기수확면적 300㎡

- 표본조사 : 표본구간 작물 중량 (단위. kg), 표본구간 면적합계 4㎡

구분	정상	80% 피해형	100% 피해형
중량	2	4	2

- 미보상비율 10%

✓ 정답

1. 조사대상면적=1,000-100-0-300=600㎡, ㎡당 평년수확량=2,000÷1,000=2kg
2. 표본구간 ㎡당 수확량=(2+4×0.2+2×0)÷4=0.7kg
3. 수확량=(0.7×600)+(2×300)=1,020kg
4. 미보상감수량=(2,000-1020)×0.1=98kg
5. 피해율=(2,000-1,020-98)÷2000=44.1%

84 종합위험 수확감소보장방식 벼(조곡)의 보험금을 산정하시오. (%는 소수점 셋째 자리에서 반올림)

- 보험가입금액 500만원, 자기부담비율 10%
- 평년수확량 1,000kg, 실제경작면적 1,000㎡
- 수확불능면적 100㎡, 타작물 및 미보상면적 100㎡, 기수확면적 200㎡
- 표본구간 ㎡당 유효중량 700g
- 미보상비율 20%

답란

✓ 정답

1. 조사대상면적=1,000-100-100-200=600㎡, ㎡당 평년수확량=1,000÷1,000=1kg
2. 수확량=(0.7×600)+(1×300)=720kg
3. 미보상감수량=(1,000-720)×0.2=56kg
4. 피해율=(1,000-720-56)÷1,000=22.4%
5. 수확감소보험금=5,000,000×(0.224-0.1)=620,000원

85 종합위험 수확감소보장방식 감자(봄재배)의 보험금을 산정하시오. 단, 병해충 작물은 없다. (% 및 ㎡당 유효중량(kg)은 소수점 셋째 자리에서 반올림, 수확량(kg) 등은 소수점 첫째 자리에서 반올림)

- 보험가입비율 80%, 가입가격 2,000원/kg, 자기부담비율 15%
- 평년수확량 2,400kg, 실제경작면적 1,200㎡
- 수확불능면적 140㎡, 타작물 및 미보상면적 200㎡, 기수확면적 0㎡
- 표본조사
  - 표본구간 면적 : 4구간. 이랑길이 1m, 이랑폭 90cm
  - 표본구간 작물 중량 (단위. kg)

구분	정상	50% 피해형
중량	3	4

- 미보상비율 10%

답란

✓ **정답**

1. 보험가입금액=(2,400×0.8)×2,000=3,840,000원
2. 조사대상면적=1,200-140-200-0=860㎡, ㎡당 평년수확량=2,400÷1,200=2kg
3. 표본구간 ㎡당 유효중량=(3+4×0.5)÷(1×0.9×4)=1.39kg
4. 수확량=(1.39×860)+(2×200)=1,595kg
5. 미보상감수량=(2,400-1595)×0.1=81kg
6. 피해율=(2,400-1,595-81)÷2400=30.17%
7. 수확감소보험금=3,840,000×(0.3017-0.15)=582,528원

해
- 보험가입금액 = 가입수확량 × 가입가격
  - 가입수확량 : 평년수확량의 50% ~ 100% 범위 내 계약자가 선택한다.
  - 감자 : 병충해 작물 중량이 있는 경우 병충해 감수량을 별도로 산정해서 수확감소량에 추가한다. 기본과정에서 학습한다.

86 종합위험 농업수입안정보장에서 보상하는 재해를 모두 쓰시오.

✓ 정답

1. 종합위험 자연재해·조수해·화재, 가격의 하락, 병충해(감자(가을재배))
2. 가격하락: 기준가격보다 수확기 가격이 하락하여 발생한 손해

87 종합위험 농업수입안정보장에 가입한 양배추 품목의 피해율을 산출하시오. (%는 소수점 셋째 자리에서 반올림, 다른 조건은 고려하지 않는다)

- 평년수확량 2,000kg, 실제경작면적 1,000㎡, 기준가격 3,500원/kg
- 수확불능면적 100㎡, 타작물 및 미보상면적 200㎡, 기수확면적 100㎡
- 표본구간 수확량 1.2kg/㎡
- 미보상비율 10%
- 수확기가격 3,000원/kg

✓ **정답**

1. 기준수입=2,000×3,500=7,000,000원
2. 실제수입
   ① 조사대상면적=1,000-100-200-100=600㎡, ㎡당 평년수확량=2,000÷1,000=2kg
   ② 수확량=(1.2×600)+(2×300)=1,320kg
   ③ 미보상감수량=(2,000-1,320)×0.1=68kg
   ④ 실제수입=(1,320+68)×min(3,500, 3,000)=4,164,000원
   ⑤ 피해율=(7,000,000-4,164,000)÷7,000,000=40.51%

 • 문제 풀이의 순서를 기억해야 수확감소보장과의 구분해서 풀이할 수 있다.

 • 이 농지의 경우 [1]수확량의 감소와 [2]가격하락의 두가지 이유로 인한 손해가 발생하였다.
   - [1]2,000kg 예상 → 1,388kg 수확(조사수확량 + 미보상감수량)
   - [2]가입 시 기준가격 3,500원/kg → 수확기 가격 3,000원/kg

88 종합위험 농업수입안정보장 콩 품목의 보험금을 산출하시오. (%는 소수점 셋째 자리에서 반올림. 다른 조건은 고려하지 않는다)

• 평년수확량 1,400kg, 실제경작면적 1,000㎡, 기준가격 4,000원/kg, 자기부담비율 20%

• 수확불능면적 0㎡, 타작물 및 미보상면적 100㎡, 기수확면적 200㎡

• 표본구간 수확량 1.0kg/㎡

• 미보상비율 0%

• 수확기가격 3,200원/kg

답란

√ 정답

1. 기준수입=1,400×4,000=5,600,000원
2. 실제수입
   ① 조사대상면적=1,000-0-100-200=700㎡, ㎡당 평년수확량=1,400÷1,000=1.4kg
   ② 수확량=(1×700)+(1.4×300)=1,120kg
   ③ 미보상감수량=없음
   ④ 실제수입=(1,120+0)×3,200=3,584,000원
3. 피해율=(5,600,000-3,584,000)÷5,600,000=36%
4. 보험가입금액=1,400×4,000=5,600,000원
5. 보험금=5,600,000×(0.36-0.2)=896,000원

해 이 농지의 경우 수확량의 감소와 가격하락의 두가지 이유로 인한 손해가 발생하였다.

89 특정위험보장 인삼 품목(작물)의 수확량의 감소를 판단하는 기준이 되는 수확량은 무엇인가?

√ 정답

연근별 기준수확량

해
$$피해율 = (1 - \frac{수확량}{연근별\ 기준수확량}) \times \frac{피해면적}{재배면적}$$
$$= \frac{연근별\ 기준수확량 - 조사수확량 - 미보상감수량}{연근별\ 기준수확량} \times \frac{피해면적}{재배면적}$$

90 특정위험보장 인삼 품목(작물)의 피해율을 산출하시오.

- 실제경작칸수 200칸, 금번 수확칸수 50칸
- 지주목 간격 1.5m, 두둑 폭 1m, 고랑 폭 30cm
- 기준수확량 0.6kg/㎡
- 전수조사 : 조사수확량 0.4kg/㎡ 미보상비율 10%

✓ 정답

1. 칸 넓이=1.5×(1.0+0.3)=1.95㎡
2. 재배면적=200×1.95=390㎡
3. 피해면적=50×1.95=97.5㎡
4. 미보상감수량=(0.6-0.4)×0.1=0.02kg/㎡
5. 수확량=0.4+0.02=0.42kg/㎡
5. 피해율={1-(0.42÷0.6)}×(97.5÷390)=7.5%

해 인삼 작물 계산 문제는 칸 넓이 산출이 첫 단계이다.

91 특정위험보장방식 인삼 품목(작물)의 보험금을 산출하시오. (%는 소수점 셋째 자리에서 반올림)

- 보험가입금액 2,000만원, 기준수확량 0.7kg/㎡, 자기부담비율 10%
- 실제경작칸수 1,000칸, 금번 수확칸수 400칸
- 지주목 간격 1.5m, 두둑폭 1m, 고랑폭 40cm
- 전수조사 : 조사수확량 0.3kg/㎡ 미보상비율 10%

답란

√ 정답

1. 칸 넓이=1.5×(1.0+0.4)=2.1㎡
2. 재배면적=1,000×2.1=2,100㎡
3. 피해면적=400×2.1=840㎡
4. 미보상감수량=(0.7-0.3)×0.1=0.04kg/㎡
5. 수확량=0.3+0.04=0.34kg/㎡
6. 피해율={1-(0.34÷0.7)}×(840÷2100)=20.57%
7. 보험금=20,000,000×(0.2057-0.1)=2,114,000원

92 종합위험 생산비보장 (노지) 고추 품목의 피해율을 산출하시오.

- 경과비율 65%
- 면적피해율 40%
- 평균 손해정도비율 42%
- 미보상비율 10%
- 병충해 2등급
- 자기부담비율 3%

✓ **정답**

피해율=0.4×0.42×(1-0.1)=15.12%

 • 경과비율, 병충해 등급별 인정비율은 피해율에 적용하지 않는다.
- 고추 = 면적피해율 × 평균 손해정도비율 × (1 - 미보상비율)
- 브로콜리 = 면적피해율 × 작물피해율 × (1 - 미보상비율)

93 종합위험 생산비보장 (노지) 브로콜리 품목의 보험금을 산정하시오.

- 보험가입금액 1,500만원, 자기부담비율 5%, 기지급보험금 300만원
- 경과비율 55%
- 작물피해율 80%
- 면적피해율 30%
- 미보상비율 10%

✓ 정답

1. 피해율=0.3×0.8×(1-0.1)=21.6%
2. 생산비보장보험금=(12,000,000×0.55×0.216)-(12,000,000×0.05)=825,600원

해 • 브로콜리 품목의 피해율에 적용되는 것은 평균 손해정도비율이 아닌 작물피해율이다. 조사방법 및 작물의 분류가 다르므로 주의한다.
• 고추, 브로콜리 : 잔존 보험가입금액 적용에 주의한다. 자기부담금의 기준도 잔존 보험가입금액이다.

94 종합위험 생산비보장 고추 품목의 보험금을 산정하시오.

> • 보험가입금액 800만원, 자기부담비율 5%, 기지급보험금 100만원
> • 경과비율 68% • 미보상비율 10%
> • 면적피해율 50% • 병충해 1등급
> • 평균 손해정도비율 55%

답란

✓ 정답

1. 피해율=0.5×0.55×(1-0.1)=24.75%
2. 생산비보장보험금=(7,000,000×0.68×0.2475×0.7)-(7,000,000×0.05)=474,670원

해 • 고추 품목에만 병충해 등급별 인정비율이 적용된다.
• 1등급 70%, 2등급 50%, 3등급 30% (감자 품목과 다름에 주의한다)
• 자기부담금은 잔존 보험가입금액을 기준으로 산출한다.

95 종합위험 생산비보장 단호박 품목의 보험금을 산정하시오.

- 보험가입금액 1,000만원. 자기부담비율 20%, 기지급보험금 100만원
- 면적피해율 40%　　• 평균 손해정도비율 63%　　• 미보상비율 10%

✓ **정답**

1. 피해율=0.4×0.63×(1-0.1)=22.68%
2. 생산비보장보험금=10,000,000×(0.2268-0.2)=268,000원

 • 배추, 무, 단호박, 파, 당근, 메밀, 시금치(노지), 양상추 품목의 보험금 산정식은 보험가입금액×(피해율－자기부담비율)이다.
　• 잔존 보험가입금액이 아님에 주의한다.

96 종합위험 생산비보장 메밀 품목의 보험금을 산정하시오.

- 보험가입금액 1,500만원. 자기부담비율 20%, 기지급보험금 400만원
- 재배면적 1,000㎡, (최종) 피해면적 500㎡
- 미보상비율 10%

✓ 정답

1. 피해율=(500÷1,000)×(1-0.1)=45%
2. 생산비보장보험금=15,000,000×(0.45-0.2)=3,750,000원

해 메밀 피해율 = 면적피해율 × (1-미보상비율)

$$= \frac{\text{도복 피해면적} \times 70\% + \text{도복 외 피해면적} \times \text{평균 손해정도비율}}{\text{재배면적}} \times (1 - \text{미보상비율})$$

97 생산비보장 시설작물(딸기)의 보험금을 산정하시오.

- 재배면적 2,500㎡, 보장생산비 14,500원/㎡
- 경과비율 55%, 피해면적 1,000㎡, 손해정도비율 60%, 미보상비율 5%

답란

✓ 정답

1. 피해비율=1,000÷2,500=40%
2. 피해율=0.4×0.6×(1-0.05)=22.8%
3. 생산비보장보험금=2,500×14,500×0.55×0.228=4,545,750원

해
- 소손해 면책금 초과 여부를 확인해야 한다.
- 용어 : 피해비율, 손해정도비율 - 과거에는 생산비보장 노지 밭작물과, 시설작물·시설재배 버섯 모두 피해비율, 손해정도비율로 표기했지만, 각각 면적피해율과 평균 손해정도비율로 명칭이 변경되고 있다. 시설작물·시설재배 버섯에는 아직 반영되지 않았지만, 곧 변경될 것으로 예상한다. 시험 당해의 [농업재해보험 · 손해평가의 이론과 실무]에서 확인한다.

98 다음 조건에서 감가상각율을 산출하시오.

- 잔가율 20%
- 내용연수 20년
- 경과년수 10년

✓ 정답

1. 경년감가율=(1-0.2)÷20=4%
2. 감가상각율=10×0.04=40%

해 · 매년 감가되는 비율(경년감가율)이 4%이다.
- 설치 후 10년이 경과되었으므로 10 × 4% = 40%, 10년간 총 40%의 가치가 감가되었다.

99 다음 조건에서 손해액을 산출하시오.

- 피해면적 1,000㎡, 시설비 5,000원/㎡
- 감가상각율 40%
- 손해액 : 시가로 산출

✓ **정답**

1. 재조달가액=1,000×5,000=5,000,000원
2. 손해액=5,000,000×(1-0.4)=3,000,000원

해 · 새로 조달하는 금액(재조달가액)에서 경과년수 및 경년감가율로 산출한 감가상각율을 차감한 금액이 시가보상이다.
   · 즉, 신품으로 교환하기 위해 500만원이 필요하지만, 이미 40%의 가치가 감가된 상태(설치 후 경과된 기간 및 손상 정도 반영)이므로 나머지 60%만 보상한다.

100 다음 조건에서 손해액을 산출하시오. (%는 소수점 셋째 자리에서 반올림)

- 피해면적 500㎡
- 시설비 10,000원/㎡
- 잔가율 20%, 내용연수 13년, 경과년수 10년
- 손해액 : ①재조달가액으로 산출 ②시가로 산출

답란

✓ **정답**

1. 재조달가액 손해액=500×10,000=5,000,000원
2. 시가 손해액=5,000,000×(1-0.615)=1,925,000원
   ① 경년감가율=(1-0.2)÷13=6.15%
   ② 감가상각율=10×0.0615=61.5%

똑똑한은경쌤
손해평가사 2차 기초입문서 전체 무료강의

발행일 2025년 3월 10일

발행처 직업상점

발행인 박유진

편저자 한은경

디자인 김지원

※ 낙장이나 파본은 교환해 드립니다.

※ 이 책의 무단 전제 또는 복제행위는 저작권법 제136조에 의거하여 처벌을 받게 됩니다.

정 가 21,000원   **ISBN** 979-11-94695-03-5